EWANGELIZACJA

EWANGELIZACJA

J. Mack Stiles

Przedmowa: David Platt

FUNDACJA EWANGELICZNA

Toruń 2018

Tytuł oryginału:
Evangelism: How the Whole Church Speaks of Jesus

Tłumaczenie: Krzysztof Kujawiński

Korekta: Iwona Kresak

Skład komputerowy: Aneta Krzywicka

Projekt okładki oryginalnej: Dual Identity, Inc.
Ilustracja: Wayne Brezinka for brezinkadesign.com

Redakcja: Tadeusz Tołwiński

Evangelism: How the Whole Church Speaks of Jesus
Wydanie pierwsze 2014
Copyright © 2014 by J. Mack Stiles
Published by Crossway
a publishing ministry of Good News Publishers
Wheaton, Illinois 60187, U.S.A.
This edition published by arrangement with Crossway.
All rights reserved.

Wydawca:

Fundacja Ewangeliczna
ul. Myśliwska 2, 87-118 Toruń
www.fewa.pl

© Fundacja Ewangeliczna
Toruń 2018

Amazon ISBN: 978-1-940009-04-9

O ile nie zaznaczono inaczej, cytaty biblijne pochodzą
z Biblii Warszawskiej.
SNP – Pismo Święte Starego i Nowego Przymierza.

Kto zna Macka Stilesa, wie, że trudno byłoby mu nas zanudzić, nawet gdyby chciał. Książka, którą trzymasz w ręku, ma rozniecić ogień pasji do ewangelizacji wśród chrześcijan – nie tylko pastorów – aby ewangelizacja stała się częścią kultury kościelnej, silnikiem naszego duchowego DNA. Książka zawiera mnóstwo praktycznych implikacji, nie *pomimo* jej skupienia na Jezusie i ewangelii, ale właśnie *ze względu* na nie. Zasługuje, aby ją czytać, rozmyślać nad nią i wprowadzić jej wskazówki w życie.

D.A. Carson, profesor badań nad Nowym Testamentem,
Trinity Evangelical Divinity School

Najlepsza książka o ewangelizacji to książka, która trafia prosto w sedno problemu, napisana przez kogoś, kto sam jest ewangelistą. Innymi słowy, to właśnie ta książka. Mack Stiles należy do najbardziej naturalnych, skutecznych, zdeterminowanych i niestrudzonych ewangelistów, jakich znam. Chciałbym wiedzieć, co myśli o ewangelizacji, bez względu na to, czy miałbym to odkryć w rozmowie, liście czy książce. W tej krótkiej pracy Mack przeprowadza czytelną biblijną analizę tego, w jaki sposób wspólnota kościelna powiela ewangelizację indywidualną. Każdy czytelnik poczuje się zainspirowany, zachęcony, a także wyposażony, by stać się wspólnotowym ewangelistą. Dla dobra Kościoła, ewangelii i świata – ta książka powinna znaleźć się na szczycie listy twoich lektur.

R. Albert Mohler jr, rektor i profesor wydziału teologii
chrześcijańskiej Josepha Emersona Browna,
Southern Baptist Theological Seminary

Bóg wyposażył Macka Stilesa do bycia ewangelistą, a ta książka to po prostu eksplozja jego daru. Niewiele widziałem książek łączących rygor teologiczny, mądrość pastorską i osobiste doświadczenie, które Mack zawarł w tym krótkim dziele. Czytając niektóre fragmenty, czułem się zachęcony, przy innych – skonfrontowany. Lektura tej książki sprawiła mi wiele radości i polecam ją innym z całego serca.

J.D. Greear, pastor przewodniczący kościoła Summit Church w Durham w Karolinie Północnej, autor książki *Stop Asking Jesus into Your Heart: How to Know for Sure You Are Saved*

Mack Stiles pisze o rozwijaniu kultury ewangelizacji w sposób, który pomaga czytelnikowi ją dostrzec! Ta książka to nie tylko rzetelny wykład – czerpiemy z niej też wizję, jak rodzina kościoła może żyć w sposób bogaty i dynamiczny. Być może to najkrótsza, ale równocześnie najważniejsza książka dla twojego kościoła i szerzenia ewangelii.

Thabiti Anyabwile, starszy pastor kościoła First Baptist Church na Wielkim Kajmanie, autor książki *Zdrowi członkowie kościoła*

Mack Stiles napisał wspaniałą książkę – nie tylko o dzieleniu się ewangelią (chociaż o tym ona jest) czy o tym, jak być ewangelistą (choć to też jej temat). Napisał książkę o tym, jak faktycznie kościół lokalny pomaga nam dzielić się ewangelią – zdejmuje ciężar, poucza, ekscytuje, współpracuje. Przeczytaj tę krótką książkę i pozwól się zainspirować.

Mark Dever, starszy pastor kościoła Capitol Hill Baptist Church w Waszyngtonie, prezes 9Marks

Odwieczna misja Kościoła, aby czynić uczniami narody, w dalszym ciągu jest naszym największym priorytetem. Nasza potrzeba odpowiedniego wyposażenia do dzielenia się wiarą jest bez wątpienia pilna. To książka o prawdziwych ludziach, którzy uczą się dzielić Dobrą Nowiną o prawdziwym Mesjaszu. Jest pouczająca, zachęcająca i wciągająca – nie będziesz mógł się doczekać okazji, aby zastosować w praktyce to, o czym tu przeczytasz. Jeżeli ktoś wie, jak nauczyć ludzi mówić o Jezusie, na pewno jest to Mack Stiles!

Gloria Furman, żona pastora kościoła Redeemer Church w Dubaju, matka czworga dzieci, autorka książek *Glimpses of Grace* i *Treasuring Christ When Your Hands Are Full*

Jestem szczerze podekscytowany tą książką. Stiles pisze fascynujące książki o ewangelizacji, ponieważ łączy w nich praktyczne wskazówki z teologiczną dojrzałością. A do tego sam stosuje w życiu to, o czym pisze.

Kevin DeYoung, starszy pastor kościoła University Reformed Church w East Lansing w stanie Michigan

Przeczytałem tę wciągającą książkę za jednym posiedzeniem, ponieważ tak mocno pochłonęła mnie jej treść i duch. *Ewangelizacja* to elementarz w kluczowej dziedzinie – w jaki sposób Biblia opisuje dzielenie się ewangelią. Oczekuję, że zostanie przyjęta z ogromnym entuzjazmem.

Daniel L. Akin, rektor Southeastern Baptist Theological Seminary

Uwielbiam przedstawioną przez Macka Stilesa wizję kultury ewangelizacji, którą powinny przesiąknąć nasze kościoły. Oby Bóg sprawił w potężny sposób, że ta wizja stanie się rzeczywistością. Książka ta równocześnie zachęca i konfrontuje. Podobnie jak inne książki Macka, jest wielkim darem i błogosławieństwem dla ludu Bożego.

Randy Newman, wykładowca C.S. Lewis Institute; autor książek: *Questioning Evangelism*, *Corner Conversations* i *Bringing the Gospel Home*

Istnieje wiele książek na temat osobistej ewangelizacji. Ta jednak skupia się na kształtowaniu pewnej kultury. Żadnych metod czy programów, ale etos. Rozpowszechnij tę książkę w swoim kościele i zobacz, co będzie się działo.

John Folmar, starszy pastor kościoła United Church w Dubaju

Ta książka o ewangelizacji jest przesiąknięta ewangelią i wywyższa Chrystusa jak żadna inna. Zamiast wyposażać w *osobistą* metodologię, głęboko motywuje, abyśmy jako *ciało, którym jest kościół*, głosili rewolucyjną nowinę o Jezusie i przynosili jej owoce. Książka Macka Stilesa jest dla mnie tym bardziej cenna, ponieważ na kilku kontynentach widziałem kulturowy model, o którym tu czytamy, działający dla chwały Bożej. To bez wątpienia najbardziej obdarowany ewangelista, jakiego spotkałem do tej pory. *Ewangelizacja* to książka, którą musi przeczytać każdy pastor i członek kościoła.

Richard Chin, dyrektor krajowy Australian Fellowship of Evangelical Students, sekretarz regionu południowego Pacyfiku International Fellowship of Evangelical Students

Nie potrzeba było dużo czasu, żeby ta publikacja stała się moją ulubioną książką o ewangelizacji – między innymi dlatego, że nie mogłem jej odłożyć! Ewangelia jest w niej wyjaśniona w wyjątkowo czytelny sposób, a pomoc, którą daje, niezwykle namacalna. Niech jednak czytelnicy sami ją ocenią. Być może rozbudzi ona w nich coś, czego już nie zmienią. Mnie, jako pastora, nie zadowoli teraz nic poza rozwijaniem kultury ewangelizacji w moim kościele. Wielbię Boga za to, co otrzymałem dzięki tej książce, i modlę się o więcej.

Jason C. Meyer, pastor odpowiedzialny za głoszenie
i wizję w kościele Bethlehem Baptist Church

Wyobraź sobie kościół lokalny, którego każdy członek zna ewangelię i nią żyje, w którym wszyscy troszczą się o niewierzących, w którym naturalne jest, że przywódcy i członkowie rozmawiają o okazjach do ewangelizacji, a niewierzący są regularnie zapraszani do wspólnego czytania Biblii, na spotkania małych grup studium biblijnego albo na niedzielne nabożeństwa. Jeśli to brzmi dla ciebie zachęcająco, z zapałem przeczytasz tę książkę i pozwolisz, aby Mack poprowadził cię krok po kroku w stronę kultury ewangelizacji, w której głoszenie Dobrej Nowiny zwyczajnie wypływa z życia zanurzonego w ewangelii.

Juan R. Sanchez jr, pastor kościoła High Pointe
Baptist Church w Austin w stanie Teksas

Moim dzieciom:
Tristanowi, Davidowi, Isaacowi oraz Stephanie

Psalm 127:3–5

SPIS TREŚCI

Przedmowa do serii	13
Przedmowa: David Platt	15
Wstęp	19
1. O laserach i wezwaniach do przyjęcia Jezusa	23
2. Kultura ewangelizacji	47
3. Powiązanie kościoła z kulturą ewangelizacji	73
4. Świadomi ewangeliści w kulturze ewangelizacji	93
5. Jak ewangelizować	117
Dodatek	137
Przypisy	142

PRZEDMOWA DO SERII

Czy wierzysz, że budowanie zdrowego kościoła to twój obowiązek? Tak, to twój obowiązek, jeśli jesteś chrześcijaninem.

Jezus nakazuje ci iść i czynić uczniami (Mt 28:18–20). Juda mówi, aby budować się w wierze (Jud 20–21). Piotr wzywa cię, abyś wykorzystywał swoje dary w służbie innym (1P 4:10). Paweł napisał, abyś mówił prawdę w miłości – po to, by twój kościół dojrzewał (Ef 4:13.15). Czy już rozumiesz, dlaczego tak myślimy?

Seria książek o budowaniu zdrowych kościołów ma pomóc ci wypełnić te biblijne polecenia i mieć wpływ na zdrowie kościoła, niezależnie od tego, czy jesteś jego członkiem czy przywódcą. Innymi słowy, mamy nadzieję, że książki te pomogą ci wzrastać w takiej miłości do swojego kościoła, jaką żywi do niego Jezus.

Wydawnictwo 9Marks chce zaoferować krótką, przejrzystą książkę na temat każdej z dziewięciu cech zdrowego kościoła i dodatkowo jedną o zdrowej doktrynie. Będą to książki o: zwiastowaniu ekspozycyjnym, teologii biblijnej, ewangelii, nawróceniu, ewangelizacji, członkostwie w kościele, dyscyplinie w kościele, uczniostwie i wzroście oaz o przywództwie w kościele.

Celem istnienia kościołów lokalnych jest ukazywanie Bożej chwały narodom. Czynimy to, skupiając się na ewangelii Jezusa Chrystusa, ufając Mu w kwestii naszego zbawienia i miłując się wzajemnie z Bożą świętością, jednością i miłością. Modlimy się, żeby pomogła ci w tym książka, którą trzymasz właśnie w rękach.

Z nadzieją
Mark Dever i Jonathan Leeman
redaktorzy serii

PRZEDMOWA

Pamiętam moje pierwsze spotkanie z Mackiem Stilesem. Przemawialiśmy wspólnie na konferencji w Stanach Zjednoczonych. Kiedy ja i inni mówcy spędzaliśmy większość czasu, rozmawiając ze sobą, Mack był rzadko obecny wśród nas. Zastanawiałem się, dlaczego, aż odkryłem, że rozmawiał wtedy o Jezusie z ludźmi, którzy obsługiwali to wydarzenie w budynku konferencyjnym. Od pierwszego spotkania z tym bratem wiedziałem, że mogę się sporo od niego nauczyć.

Niedługo później miałem przywilej znaleźć się za granicą, w miejscu, w którym Mack prowadzi służbę wśród studentów i jest jednym ze starszych kościoła. Pewnego dnia rano nauczałem w kościele; później Mack zaczął mnie przedstawiać różnym osobom. Poniżej prezentuję ogólny obraz tego, jak wyglądały te rozmowy (choć zmieniłem imiona).

– Cześć, mam na imię Abdul – przywitał mnie pewien mężczyzna. – Dorastałem jako muzułmanin, ale kilka lat temu Bóg łaskawie wybaczył mi grzechy i zbawił mnie przez Chrystusa.

– To cudownie – odpowiedziałem. – Jak usłyszałeś ewangelię?

– Poprzez przyjaźń z Mackiem – wskazał Abdul. – Zapytał mnie pewnego dnia, czy nie chciałbym przeczytać wraz z nim Ewangelii Marka. Odpowiedziałem, że chętnie, i w ciągu kilku miesięcy Duch Święty otworzył moje serce na wiarę.

Kolejny rozmówca tak mi się przedstawił:

– Cześć, jestem Rajesh. Całe życie byłem hindusem, aż ktoś zaprosił mnie do tego kościoła. Zanim tu przyszedłem, nie wiedziałem nic o chrześcijaństwie, ale Mack wraz z innymi zaczęli spotykać się ze mną i pokazywać mi, kim jest Chrystus i co zrobił dla mnie. Byłem oszołomiony, a gdy Mack odpowiedział na nurtujące mnie pytania, zaufałem Chrystusowi względem mojego zbawienia.

Za Abdulem i Rajeshem pojawił się Matthew. Powiedział mi:

– Dorastałem jako nominalny chrześcijanin, pozbawiony jakiejkolwiek relacji z Chrystusem, ale w zeszłym roku Bóg otworzył moje oczy na to, co naprawdę znaczy wiara w Jezusa. Pokutowałem ze swoich grzechów i uwierzyłem w Niego.

– Pozwól, że zgadnę – zaproponowałem. – To Mack przyprowadził cię do Jezusa, prawda?

– Nie – odparł Matthew. – Abdul i Rajesh. Spędzili ze mną wiele godzin na studiowaniu Biblii, pokazując mi, co oznacza podążać za Chrystusem.

Następnie Matthew zapytał mnie:

– Czy mogę cię przedstawić Stephenowi? To mój przyjaciel, który obecnie bada chrześcijaństwo i przyszedł dzisiaj ze mną na nabożeństwo.

Rozmowy te ciągnęły się i ciągnęły w nieskończoność. Stałem tam, zachwycony łaską Bożą, nie tyle ze względu na jednego chrześcijanina z pasją do głoszenia ewangelii, ile na całą wspólnotę pełną takiej pasji. Kiedy rozejrzałem się dookoła, dostrzegłem obecność zaraźliwej kultury ewangelizacji w całym kościele. To kultura, która nie została zbudowana w wyniku wydarzeń, projektów, programów i specjalistów od konkretnych służb. To raczej kultura ludzi wypełnionych mocą Ducha Bożego, ogłaszających ewangelię łaski Bożej w kontekście codziennego życia i relacji ludzkich.

Nie jestem więc w stanie sobie wyobrazić, aby ktoś inny miał napisać książkę nie tylko o tym, jak kultywować dyscyplinę ewangelizacji w życiu chrześcijanina, ale też o tym, jak stworzyć kulturę ewangelizacji w kościele. Gdy czytam tę książkę, zakreślam zdanie po zdaniu, akapit po akapicie; modlę się, aby Bóg użył mnie do zbudowania takiej samej kultury ewangelizacji w kościele, którego jestem pastorem.

Ta książka jest biblijna i praktyczna. Jest odpowiednia zarówno dla członków kościoła, jak i przywódców, a co najważniejsze, oddaje chwałę Bogu. Oby Pan użył jej, by pobłogosławić ciebie i twój kościół – a także wielu innych ludzi i kościołów – aby coraz więcej Abdulów, Rajeshów, Matthew oraz Stephenów doświadczało zbawienia przez wiarę w Chrystusa na całym świecie.

David Platt
starszy pastor kościoła Church at Brook Hills
w Birmingham w stanie Alabama

WSTĘP

– O czym jest ta książka, mój drogi?

Zapytała mnie o to starsza pani, która podwoziła moją teściową na cotygodniową partię brydża. Odkładając balkonik rehabilitacyjny na tylne siedzenie jej samochodu, zastanawiałem się, co odpowiedzieć. Chciałem wskazać, że to książka nie tylko o ewangelizacji, ale też o tworzeniu kultury ewangelizacji. Wyczuła wahanie, spojrzała na moją teściową i powiedziała:

– Cóż, jaki jest tytuł, mój drogi?

Znów się zawahałem, spojrzawszy w niebo. Teściowa przyszła mi z pomocą:

– To o ewangelizacji – oświadczyła tonem zarezerwowanym dla ludzi, których słuch nie jest już taki jak dawniej.

– Tak? – powiedziała przyjaciółka z lekkim zdziwieniem. Zamknąłem drzwi samochodu.

– A jeszcze bardziej o tym, żeby cały kościół dzielił się swoją wiarą – dodałem.

Przyjaciółka teściowej spojrzała na mnie tym bardziej zdezorientowana.

– Hm – zwróciła się do mojej teściowej. – Ann, musisz być bardzo dumna – oznajmiła, poklepując mnie w ramię.

Nieistotne, że sam autor nie był w stanie wyjaśnić, o czym jest jego książka.

Pozwól, że teraz postaram się to lepiej wyjaśnić. Otóż jest to książka o *biblijnej* ewangelizacji. Cóż, zakładam, że chrześcijanie nie przystępują do pisania książek o ewangelizacji z zamiarem oparcia się na niebiblijnych zasadach. A jednak to się zdarza. Zdarza się, ponieważ istnieją niepoprawne koncepcje dotyczące najważniejszych elementów ewangelizacji. Koncepcje te zazwyczaj wynikają ze strategii marketingowych lub ludzkich przekonań dotyczących tego, jak przekonać innych do Królestwa. Jeśli nie ustalimy, czym jest biblijna ewangelizacja, może się okazać, że w ogóle nie ewangelizujemy.

Na przykład gospodyni domowa, która spotyka się z przyjaciółką na kawie, może ewangelizować, podczas gdy błyskotliwy apologeta przemawiający do tysięcy osób w kościele może tego nie robić. Niewielu ludzi pojmuje to w ten sposób – właśnie dlatego, że mamy fałszywe przekonanie na temat ewangelizacji. Obrona wiary to rzecz szlachetna, ale łatwo jest uprawiać apologetykę chrześcijańską bez wyjaśniania ewangelii – a bez ewangelii nie da się ewangelizować.

Musimy wiedzieć, o czym mówimy, kiedy wypowiadamy takie słowa jak „ewangelizacja", „nawrócenie", a nawet „ewangelia". Pojęcia te przywołują w ludzkich umysłach różne definicje, a często towarzyszy im znak zapytania. Jeśli chrześcijanie nie zrozumieją tych podstawowych koncepcji, szybko znajdziemy się poza biblijną orbitą. Dlatego w rozdziale 1 poświęcimy nieco czasu na opracowanie tych definicji.

Przy okazji, wielu wolałoby opisywać jako *misyjną* tę kulturę, którą ja nazywam kulturą ewangelizacji. Rozumiem, dlaczego chcieliby używać tego słowa, pozostanę jednak przy terminie *ewangelizacja*. To ważne słowo biblijne i używam go w całej tej książce.

Ta książka jest o ewangelizacji, ale nie tylko. Wskazuje również na rozwijanie kultury ewangelizacji – o tym jest rozdział 2. Kiedy mówię „kultura ewangelizacji", nie mam na myśli mnogości programów ewangelizacyjnych. Może was to zaskoczyć, ale zachęcałbym wiele kościołów do zmniejszenia liczby programów ewangelizacyjnych. Dlaczego – o tym powiem później, ale mogę już teraz zaznaczyć, że chcę przyjrzeć się temu, jak możemy zintegrować odpowiedzialność poszczególnych wierzących za dzielenie się wiarą z życiem wspólnoty kościelnej, pomnażając wysiłki jednostek.

Wiele naszych problemów z ewangelizacją wynika z tego, iż nie mamy wystarczająco wielkiego obrazu kościoła. Wierzę, że Bóg kocha świat i ma wspaniały plan ewangelizacyjny: swój kościół. O tym w rozdziale 3.

Ponieważ ta książka jest o ewangelizacji i kulturze ewangelizacji w życiu kościoła, opisuje również platformy – często zaniedbywane – które muszą zostać zbudowane, aby chrześcijanie mogli podejmować zdrowe wysiłki ewangelizacyjne. O tym mówi rozdział 4. Przykłady owych platform są następujące:

- świadome przygotowywanie się do ewangelizacji,
- życie ukształtowane przez ewangelię,
- nieprzyjmowanie ewangelii za pewnik,

- ewangelizacja jako dyscyplina duchowa,
- modlitwa,
- przywództwo ewangelizacyjne.

Następnie musimy oczywiście zbadać podstawowe zasady kształtujące właściwą praktykę dzielenia się wiarą – rzeczy, które musimy wykonywać, aby być ambasadorami Chrystusa w świecie zepsutym przez grzech. O tym piszę w rozdziale 5.

Mam dobrych przyjaciół, którzy uważają mnie za ewangelistę; nie mam pewności, czy nim jestem. Pragnę, aby ludzie poznawali Jezusa. Czuję także, że chcę być wierny w ewangelizowaniu. Jest też jednak prawdą, że muszę się mierzyć z lękami związanymi z tym, co pomyślą o mnie inni, kiedy mówię im o kwestiach duchowych. Jestem bardzo świadomy swoich błędów i ograniczeń w ewangelizowaniu. Rozglądając się dookoła, widzę wiele innych osób, które są zdecydowanie lepszymi ewangelistami ode mnie. Jeśli jestem ewangelistą, to raczej przeciętnym.

Ale jest jedna rzecz, w której, dzięki Bogu, jestem dobry: wierzę, że Bóg używa mnie do budowania kultury ewangelizacji. Poprzez lata, gdy pomagałem w organizowaniu służb dla studentów i zakładaniu kościołów, chciałem mieć pewność, że wspólnoty te będą miały w swoim DNA ewangelizację – jako swój etos i kulturę.

To pasja, która mnie napędza, i dlatego ta książka tak mnie ekscytuje. Pozwala mi ona zebrać wszystkie rzeczy, które kocham, i podzielić się nimi z tobą.

1

O LASERACH I WEZWANIACH DO PRZYJĘCIA JEZUSA

W latach siedemdziesiątych ubiegłego wieku byłem świeżo upieczonym maniakiem chrześcijaństwa. W ciągu pierwszego semestru studiów przyprowadziłem do Jezusa mojego kolegę z pokoju. Niedługo potem, pewnej niedzieli, wybraliśmy się na nabożeństwo do dużego kościoła baptystycznego w centrum Memphis.

Prezentowałem się niebanalnie: miałem wielkie rude afro na głowie, dżinsy dzwony i trencz z fioletowej wełny. Otaczali nas ludzie w garniturach, ze starannie ułożonymi fryzurami.

Po kazaniu i śpiewach padło ze sceny zaproszenie. Kaznodzieja poważnym głosem obwieścił, że wolałby, aby ktoś wyszedł z kościoła w trakcie jego nauczania niż przy wezwaniu do wyjścia naprzód – najważniejszej części nabożeństwa.

Było to wezwanie, aby ludzie oddali życie Jezusowi. Wielu podniosło ręce. Podziękowano nam i poproszono, byśmy wyszli ze swoich miejsc i podeszli do przodu.

– Jeżeli nie umiesz publicznie przyznać się do Jezusa w kościele, nie przyznasz się do Niego poza jego murami

– powiedział kaznodzieja. Jego logika wydała mi się bez zarzutu.

John, który spuścił głowę, ale nie zamknął oczu (wbrew instrukcjom), szepnął do mnie:

– Czy myślisz, że powinienem pójść do przodu?
– To nie zaboli – powiedziałem cicho. – Pójdę z tobą.

John wyskoczył z ławki, a ja poszedłem za nim.

Kilkadziesiąt osób wstało i ruszyło do przodu. Nie mieliśmy pojęcia, że większość z nich to porządkowi. Z przodu otaczał nas półokrągły rząd ławek. Zbór wydawał się liczniejszy niż z tylnych rzędów. Zebrani zdawali się pochylać w naszą stronę i uśmiechać.

W mgnieniu oka kaznodzieja znalazł się obok mnie.

– Synu – zwrócił się do mnie uprzejmym głosem. – Dlaczego się tutaj dzisiaj znalazłeś?

Oparł mikrofon o nogę i zwinął kabel za swoimi stopami jednym wyćwiczonym ruchem nadgarstka.

– Cóż – odpowiedziałem. – Mój przyjaciel John oddał swoje życie Jezusowi kilka tygodni temu i chciał to wyznać publicznie.

Pastor spojrzał na Johna, którego życie było jednym wielkim bałaganem, ale który nosił się dość konserwatywnie. Zwrócił się do niego:

– To wspaniale, synu.

Następnie spojrzał na mnie i powiedział:

– A ciebie co sprowadza do przodu?

Gapiłem się w górę na balkon i w jasne światła reflektorów z onieśmielonym wyrazem twarzy, charakterystycznym dla wiejskiego chłopaka, który znalazł się w wielkim mieście:

– Cóż, ja... chciałem wesprzeć Johna – wyjąkałem.

– Rozumiem – pastor pokiwał głową, a jego ręka spoczęła na moim ramieniu. – Czy jesteś chrześcijaninem, synu?

– Jestem – odpowiedziałem.

– Czy chciałbyś ponownie oddać swoje życie Jezusowi?

Nie pojąłem teologicznej złożoności tego pytania, ale odparłem:

– Oczywiście, tak sądzę.

Następnie kaznodzieja przycisnął sobie mikrofon do ust, a potem także skierował swój wzrok na balkon. Zlokalizował zainstalowaną tam niedawno kamerę telewizyjną i wskazał na nią ręką:

– Chciałbym zwrócić się do was, widzowie. Tych dwóch młodych ludzi przyszło tutaj, aby oddać swoje życie Jezusowi. Wy również możecie to zrobić, w swoich domach, tam, gdzie teraz siedzicie...

Rozwikłanie tego, co zdarzyło się w tamtym momencie, zajęło mi wiele lat.

CZYM JEST EWANGELIZACJA?

Gdy myślę o tym nabożeństwie, które miało miejsce dawno temu, mam ochotę zapytać: Czy to, co się wtedy wydarzyło, było ewangelizacją?

Musimy ostrożnie zastanowić się nad odpowiedzią. Wielu ludzi zostało chrześcijanami po podobnym wezwaniu do przyjęcia Jezusa jako Pana i Zbawiciela. Niedawno, podczas spotkania pastorów w Southeastern Seminary, rektor, Danny Akin, zauważył, że zebrani pastorzy cechują się wysoką kulturą osobistą, dobrym wykształceniem, a także zdrową teologią. Żaden z nich nie pomyślałby o poprowadzeniu ludzi do wyznania Jezusa w taki sposób, jak ja doświadczyłem tego w Memphis. Ale wówczas Akin zapytał:

– Ilu z was nawróciło się w kościele ewangelizującym w sposób, który byście dzisiaj odrzucili?

Prawie każdy pastor podniósł rękę.

Ta odpowiedź powinna dać nam do myślenia. Potrzeba bardzo dużo pokory, gdy mowa o ewangelizacji. Musimy uznać, że Bóg jest suwerenny, a zatem może zrobić, co chce, aby przyprowadzić ludzi do siebie. Nie ma gotowej formuły, która by określała, jak Bóg musi działać podczas ewangelizacji. I chociaż możemy się nie zgadzać co do praktyk ewangelizacyjnych poszczególnych osób, służb albo kościołów, musimy uznać, że gdy ludzie ewangelizują ze szczerym sercem, Bóg może sprawić, że przyniesie to owoce.

Osobiście wolę osoby, które ewangelizują najlepiej, jak potrafią, niż które unikają ewangelizowania, dopóki nie osiągną doskonałości. Pamiętasz, jak Pryscylla i Akwila delikatnie instruowali Apollosa, gdy podejmował wysiłki ewangelizacyjne (Dz 18:26)? Apostoł Paweł radował się nawet z ewangelizacji napędzanej egoizmem, która była dla niego przyczyną kłopotów (Flp 1:17–18). Dlatego, gdy ludzie nawracają się pod wpływem dziwnych metod i środków, powinniśmy najpierw nabrać otuchy, mając świadomość, że Bóg może użyć najmniejszego ziarenka prawdy ewangelii i pielęgnować je, aż wyda wielki owoc pojednania przez ewangelię w ludzkich sercach.

Wyrażę się jasno: nie uważam, że wezwania do przyjęcia Jezusa są absolutnie złe. Gdy jednak myślę o swoim doświadczeniu z Memphis, widzę, że tamte metody napędzane były przede wszystkim pragnieniem uzyskania natychmiastowych wyników: za duży był nacisk na decyzję, na pójście do przodu, zbyt wiele troski o widzów telewizyjnych, a zbyt mało o faktyczny stan mojej duszy i mój grzech.

W ciągu dziesięcioleci wielu ludzi odpowiedziało na wezwanie do przyjęcia Jezusa. Ale oprócz tych, którzy szczerze się wtedy nawrócili, znalazłoby się mnóstwo takich, którzy poszli do przodu kierowani jakimś przymusem – tak jak John i ja. Co ważniejsze, mimo że ludzie przychodzą do Jezusa różnymi drogami, Biblia nigdy nie pozwala, aby to „wyniki" napędzały lub usprawiedliwiały praktyki ewangelizacyjne.

Gdy zatem decydujemy się ewangelizować, musimy zacząć od biblijnych fundamentów. To one – a nie sposoby na uzyskanie jak najlepszych rezultatów – powinny nam wskazać, jak mamy kształtować i chronić dzielenie się wiarą. Musimy bardzo starannie dopasowywać nasze praktyki ewangelizacyjne do Biblii, ponieważ w ten sposób oddajemy cześć Bogu.

Niestety często źródłem natchnienia dla naszych praktyk ewangelizacyjnych jest świat, najczęściej świat biznesu, albo dział księgarni „zrób to sam", a nie Pismo Święte. Szatan wykorzystuje nasze pragnienie osiągania sukcesów, oferując nam większą służbę telewizyjną albo lepsze korzyści finansowe. Często kusi nas również, używając pragnień płynących ze szczerego serca, takich jak większa liczba członków albo nieśmiertelna wiara w to, że jeśli dziecko pomodli się modlitwą grzesznika, staje się prawdziwym wierzącym, bez względu na to, jak później żyje. W tym wszystkim ludzie zamieniają zasady biblijne na światowe pragnienia, a nasze praktyki ewangelizacyjne zostają zniekształcone.

Apostoł Paweł mógł radować się z tego, że głoszona jest ewangelia, bez względu na motywy, ponieważ wiedział, że Bóg i tak osiągnie swoje cele poprzez swoje Słowo. Ale ten sam Paweł poprawiał również powykrzywiane praktyki ewangelizacyjne: podkreślał, że nie możemy manipulować, zniekształcać przesłania ani zwodzić (np. 2Kor 4:1–2). Powinniśmy mieć czyste motywacje płynące z miłości do ludzi i Chrystusa, wraz z głębokim przekonaniem o prawdzie (2Kor 5:11–15). I musimy ufać, że Pan pomnoży naszą liczbę (Dz 2:47).

Pomyślmy teraz, w jaki sposób kościół w Memphis balansował na krawędzi błędu:

- Czy pastor naprawdę wierzył, że najważniejszą częścią nabożeństwa jest zaproszenie do przodu, a nie właściwe głoszenie Słowa Bożego?
- W którym miejscu w Biblii widzimy, że ludzie podnoszą ręce, aby zaprosić Jezusa do swoich serc? W którym momencie pójście do przodu zastąpiło chrzest jako publiczną demonstrację wiary – w kościele *baptystycznym*, podkreślmy to!

- Czy nie było manipulacją to, że porządkowi wyślizneli się ze swoich siedzeń, sprawiając oczywiste wrażenie, że odpowiadają na zaproszenie? Czy wykorzystywanie niebiblijnych pojęć, takich jak „ponownie oddać swoje życie Jezusowi", nie jest przekroczeniem nakazu, aby przedstawiać prawdę w prosty sposób (2Kor 4:2)?

- Czy pastor miał zamiar skłamać publicznie, gdy powiedział, że John i ja właśnie oddaliśmy swoje życie Jezusowi – co nie było zgodne z prawdą? Czy może był tak zaślepiony soczewkami kulturowymi, że nie dostrzegł stojących przed nim dwóch braci w Chrystusie? Czy służyliśmy mu jedynie za środek mający pokazać skuteczność jego zabiegów ewangelizacyjnych?

Prawda jest taka, że tych dwóch gości, którzy tam wtedy stali, to największa rzecz, jaką przegapił; mam przez to ochotę skakać i wrzeszczeć. Przegapił żywy przykład najlepszej formy ewangelizacji: osiemnastoletniego dzieciaka, który nie potrafiłby znaleźć Ewangelii Marka bez pomocy spisu treści, a który przyprowadził swojego przyjaciela do Jezusa, kochając go na tyle, żeby przekazać mu wszystko, co wiedział na temat przesłania ewangelii. Podejrzewam, że cały ów zbór był tak zaślepiony przez blichtr zręcznego programu i widowni telewizyjnej, że też o tym nie myślał.

DEFINICJA EWANGELIZACJI

Skąd zatem wiemy, że mamy do czynienia z ewangelizacją? Cóż, odpowiedź zależy od tego, jak definiujemy ewangelizację. Zdefiniowanie ewangelizacji w biblijny sposób pomaga nam dopasować nasze praktyki ewangelizacyjne do Pisma Świętego. Podaję definicję, która dobrze mi służy od wielu lat:

> Ewangelizacja to nauczanie ewangelii w celu przekonania do niej słuchacza.

Urocze, prawda? Założę się, że większość ludzi oczekiwałaby o wiele więcej od tak ważnego teologicznie słowa. Ale ta definicja, choć krótka, daje nam znacznie lepszy punkt odniesienia do oceny praktyk ewangelizacyjnych niż liczenie, ile osób odpowiedziało na wezwanie.

Mniej więcej w tym samym czasie, gdy poszliśmy z Johnem do kościoła w Memphis, kupiłem mu Biblię. Było to tłumaczenie *Amplified Bible*, które oferuje całą gamę synonimów dla słów kluczowych. Oto w jaki sposób Biblia ta mogłaby poszerzyć moją definicję:

> Ewangelizacja to nauczanie (ogłaszanie, obwieszczanie, deklarowanie) ewangelii (przesłania Bożego prowadzącego nas do zbawienia) w celu (z nadzieją, pragnieniem, zamiarem) przekonania (namówienia, nawrócenia) do niej słuchacza.

Zauważ, że ta definicja nie wiąże się z koniecznością natychmiastowej odpowiedzi. Pójście do przodu, podniesienie ręki, a nawet pomodlenie się mogą świadczyć o tym, że miała miejsce ewangelizacja, ale same te działania nie są ewangelizacją. Zauważ również, że jeśli brakuje któregokolwiek z czterech elementów zawartych w definicji, prawdopodobnie mamy do czynienia z czymś innym niż ewangelizacja.

Gdybym mógł, chętnie przeniósłbym się w czasie i powiedział kościołowi w Memphis, czym naprawdę jest ewangelizacja. Ostrzegłbym, że kościołom na całym świecie brakuje zdrowia właśnie dlatego, że nazywa się ewangelizacją coś, co nią nie jest.

– Proszę – błagałbym – gdy nauczacie, nie nauczajcie ludzi, jak się zachowywać podczas zaproszenia do przyjęcia Jezusa. Nauczajcie w jasny sposób, czym jest ewangelia i czego wymaga się od ludzi, którzy mają się nawrócić do Chrystusa.

Namawiałbym kościół, aby przekonywał, ale przekonywał, nie uciekając się do manipulacji. Zachęcałbym, aby ludzie w zborze nie rezygnowali z mówienia o tym, co trudne w życiu chrześcijan, chociaż może to być bardzo kuszące; aby nie mylili ludzkiej reakcji z działaniem Ducha; aby nie kłamali w sprawie rezultatów.

– I proszę – powiedziałbym – nie nazywajcie ludzi chrześcijanami, nie mając dowodów, że są naprawdę nawróconymi naśladowcami Chrystusa.

Oczywiście według dzisiejszych standardów łatwo jest utyskiwać na te stare kościelne praktyki. Ale jeżeli jesteśmy uczciwi, musimy przyznać, że i my stajemy w obliczu pokusy, aby poświęcać biblijne zasady na rzecz wyników i „sukcesu". Gdy rozglądam się dookoła, widzę, że zbyt wiele się nie zmieniło, może poza formą, poprzez którą praktykujemy niebiblijną ewangelizację. Ewangelia często nie jest nauczana, a niebiblijne terminy zamazują sugestywne i prawdziwe znaczenie pojęcia grzechu, śmierci i piekła albo wprowadzają w błąd tych, którzy szczerze szukają prawdy.

Obietnice zdrowia i bogactwa zwodzą tych, którzy są najbardziej bezbronni: biednych, znajdujących się w trudnej sytuacji i chorych. A wiele kościołów oferuje tanią, wygodną i przynoszącą zysk „ewangelię", której nie da się znaleźć w Biblii. Tak naprawdę ewangelia została zniekształcona, a apostoł Paweł nazywa takie podróbki *inną ewangelią*, która w ogóle nie jest ewangelią (Ga 1:6–7). Poprzez schlebianie ludzkim pragnieniom kościoły ogłaszają, że ich głównym celem są niewierzący, a nie chwała Boża objawiona poprzez uwielbiający Go lud.

Wznoszący się wysoko śpiew chóru został zamieniony na pokazy laserowe, a nabożeństwo kościelne stało się raczej miejscem rozrywki zamiast uwielbienia. Jezus zawsze przyciągał uwagę, ale nigdy nie zabawiał; między tymi dwoma czynnościami istnieje olbrzymia różnica, która zatarła się we współczesnym Kościele. Podobnie szukanie przyjaciół, obserwatorów i konwertytów poprzez media społecznościowe przypomina mi kamerę telewizyjną na tamtym balkonie: jedno i drugie może sprawić, że przywódcy kościoła nie zauważą ludzi stojących tuż przed nimi. Wiążąca się z dużą presją praca sprzedawcy została zastąpiona miękką sprzedażą sposobów na samopomoc.

Te rzeczy są wynikiem działania tej samej światowej pokusy, która podkopuje biblijną ewangelizację – do tego stopnia, że ci, którzy utyskują na stare metody, być może będą jeszcze musieli wrócić i przeprosić kościół w Memphis.

Ale jest odpowiedź na te pokusy. Pomiędzy sytuacją dzisiaj, pierwszym rokiem moich studiów oraz czasami apostoła Pawła nie ma tak naprawdę różnicy. Rozwiązaniem jest zakotwiczenie biblijnej ewangelizacji, skupionej na Dobrej Nowinie, w naszych sercach i umysłach. Trzeba poznać sposoby uczciwego głoszenia ewangelii, mając przed oczami ten wielki cel, którym jest autentyczne nawrócenie.

A zatem rozwińmy cztery części składowe mojej definicji: „nauczanie", „ewangelia", „cel" i „przekonać".

NAUCZANIE

Po pierwsze, nie ma ewangelizacji bez słów. Pamiętajmy: Jezus jest Słowem, *a Słowo było u Boga* (J 1:1).

Najważniejszą rolą słów w ewangelizacji jest nauczanie. Ma to głębokie uzasadnienie. Otóż my, ludzie, nie jesteśmy w stanie sami dojść do zbawienia. Dlatego zbawienie musi być nam objawione przez Boga za pomocą Jego słów.

Nauczanie jest również wzorem przedstawionym w Biblii. Biblia to księga nauczań. Od Księgi Rodzaju do Księgi Objawienia, Biblia naucza. Nakazuje nam też ona nauczać innych: nasze dzieci, bliźnich, cudzoziemców pośród nas. Starsze kobiety mają nauczać młodsze. Jedyną cechą, która ma wyróżniać starszych, poza starannym naśladowaniem Jezusa, jest umiejętność nauczania.

Być może właśnie dlatego, że nauczanie jest powszechnie obecne na kartach Pisma Świętego, możemy przeoczyć jego znaczenie. Jezus zobaczył, że tłum jest jak owce bez pasterza, więc nakarmił tysiące kilkoma bochenkami chleba i rybą (Mk 6:34–44; Łk 9:10–17). Te cuda nas zdumiewają, tak jak zresztą powinny. Ciekawe jednak jest to, że w każdym przypadku *pierwszym* aktem miłosierdzia Jezusa było nauczanie.

Wielu z nas kojarzy ewangelizację z głoszeniem – i słusznie. Ja na przykład chcę, aby każde wygłoszone przeze mnie kazanie zawierało ewangelię. Apostoł Paweł z pewnością głosił ewangelię. Gdy jednak opisuje swoją służbę, mówi o nauczaniu (1Tm 2:7; 2Tm 1:11). J.I. Packer w swoich badaniach nad praktyką ewangelizacyjną Pawła zauważa, że jego metoda ewangelizacyjna była przede wszystkim oparta na nauczaniu[1].

To dobra wiadomość dla tych z nas, którzy nie głoszą raz w tygodniu kazania. Nie wszyscy mogą być kaznodziejami, ale wszyscy możemy nauczać ewangelii, gdy nadarzy się okazja. Często mi się wydaje, że więcej osób nawraca się podczas lunchu, gdy ktoś zapyta: „Co myślisz o dzisiejszym kazaniu?", niż podczas samego kazania. Gdy nauczamy ewangelii, dzieją się wspaniałe rzeczy.

Możliwość nauczania ewangelii wzbogaca nasze duchowe życie, ponieważ sprawia, że żyjemy zgodnie z motywami ewangelii. Jedną z pierwszych rzeczy, które powinniśmy zrobić, przystępując do Wieczerzy Pańskiej, jest sprawdzenie, czy nasze życie jest zgodne z ewangelią. Zapytaj siebie samego: Czy żyję życiem w wierze w dzieło Chrystusa? Czy stosuję ewangeliczną łaskę wobec moich bliskich? Czy poświęcam się i wybaczam tym, którzy mnie skrzywdzili?

Jeśli nie wiesz, jak nauczać ewangelii, być może jej nie rozumiesz. A jeśli jej nie rozumiesz, być może nie jesteś prawdziwym chrześcijaninem. Znam wielu ludzi, którzy myśleli, że są wierzący, ale gdy zaczęli zgłębiać ewangelię, aby jej nauczać, uświadomili sobie, że tak naprawdę nigdy nie pokutowali z grzechu i nie złożyli swojej wiary w Jezusie.

Co jednak najistotniejsze, pamiętaj, że człowiek może stać się chrześcijaninem jedynie wtedy, gdy nauczana jest ewangelia.

Na podstawie wieloletniego doświadczenia mogę powiedzieć, że gdy przyprowadzam kogoś do Chrystusa, zazwyczaj dzieje się tak, ponieważ jakaś niewierząca osoba chce studiować ze mną Pismo Święte. Na przykład grupa studentów czytała ze mną Ewangelię Marka na kampusie albo na konferencji. To mogło być kilka osób w kawiarni albo jedna osoba podczas przerwy na lunch. Nieważne, kto i gdzie, proces zawsze jest prosty: czytamy fragment i zastanawiamy się, co on oznacza. Z biegiem czasu, pojedynczo lub w grupach, ludzie się nawracają, ponieważ są nauczani ewangelii. Takie nauczanie być może nie jest tak ekscytujące jak masowe przebudzenie, ale gdyby każdy chrześcijanin praktykował je ze swoimi niewierzącymi przyjaciółmi, jego zasięg i autentyczność byłyby znacznie większe.

EWANGELIA

Nie nauczamy matematyki ani biologii. Nauczamy ewangelii. Ważne jest, aby nauczać ewangelii w odpowiedni sposób, ponieważ na świecie istnieje wiele nieporozumień w tej kwestii.

W związku z ewangelią możemy popełnić dwa błędy. Możemy sprawić, że stanie się ona za duża albo za mała. Oba te błędy mają to samo źródło: niezrozumienie implikacji ewangelii. Implikacje te wypływają z naszej wiary w przesłanie ewangelii.

Skurczona ewangelia

Umniejszamy ewangelię, jeśli sprowadzamy jej rolę wyłącznie do zbawienia i traktujemy ją jak swego rodzaju ubezpieczenie, bez zrozumienia jej konsekwencji dla całego życia.

Ponieważ ewangelia pokazuje Boże serce, powinna nam też sygnalizować, jak mamy żyć, uwzględniając motywy takie jak miłość, pojednanie, wybaczenie, wiara, pokora, pokuta. Wówczas dostrzegamy, że ewangelia staje się zarówno drzwiami do zbawienia, jak i drogą życia.

Tim Keller napisał wspaniałe studium o życiu z ewangelią w centrum, o tym, że ewangelia nie stanowi zaledwie ABC chrześcijańskiego życia – sposobu na osiągnięcie zbawienia – ale „od A do Z" chrześcijańskiego życia[2]. Ewangelia wskazuje nam, jak mamy żyć. Omówimy tę kwestię później, w rozdziale 4, o życiu skupionym na ewangelii.

Nadmuchana ewangelia

Mamy z nią do czynienia, gdy twierdzimy, że wszystko jest ewangelią – gdy sądzimy, że jesteśmy zbawieni przez ewangelię i jej różne implikacje. Na przykład znaczna część chrześcijańskiego świata uważa, że jesteśmy zbawieni przez wiarę i dobre uczynki. Inni, być może nawet większość – że przez wiarę i prawo.

Wiele rzeczy zostało dodanych do ewangelii na przestrzeni dziejów. To zawsze ten sam błąd. Ludzie traktują rzeczy, które mogą być dobre, nawet religijne – takie jak moralne życie, troska o biednych albo przestrzeganie obrzędów chrztu i Wieczerzy Pańskiej – jako kluczowe dla zbawienia. Tymczasem, choć stanowią one istotną część życia chrześcijańskiego i są naszymi przywilejami, a nawet wynikają z ewangelii, nie mogą nas zbawić. Cokolwiek dodajemy do ewangelii, nieważne, że dobre czy płynące ze wspaniałych intencji, zniekształca ewangelię.

Dobra definicja ewangelii

Dlatego, gdy mówimy o prowadzeniu chrześcijańskiego życia, mamy na myśli życie motywami i implikacjami ewangelii. Gdy jednak mówimy o zbawieniu, skupiamy się na przesłaniu ewangelii. Gdy dzielimy się wiarą, koncentrujemy się na *przesłaniu*, które prowadzi do zbawienia. Należy zauważyć, że gdy w Biblii mowa o *ewangelii*, w Starym[3] czy Nowym Testamencie, zawsze chodzi o kontekst zbawienia.

Oto trafna robocza definicja:

Ewangelia jest radosną nowiną od Boga, która prowadzi nas do zbawienia.

To kolejna definicja, która rozczarowuje, ponieważ zmusza nas do zadania pytania: Czym zatem jest ta nowina o zbawieniu?

Nowina ewangelii odpowiada na cztery ważne pytania: Kim jest Bóg? Dlaczego jesteśmy w tak opłakanym stanie? Co zrobił Chrystus? Jak możemy wrócić do Boga? Na tym świecie nie istnieją bardziej istotne pytania, które należy sobie zadać; odpowiedzi można streścić w następującym schemacie: Bóg, człowiek, Chrystus, reakcja (zob. dodatek, w którym znajdują się odnośne fragmenty biblijne):

- Bóg jest naszym Stwórcą. On jest kochający, święty i sprawiedliwy. Pewnego dnia doskonale osądzi wszelki grzech.

- Ludzie zostali stworzeni na podobieństwo Boże. Jesteśmy pięknymi i niezwykłymi istotami, mającymi godność i wartość. Jednak poprzez nasz umyślny, grzeszny bunt przeciwko Bogu – zamiast Jego dziećmi staliśmy się Jego wrogami. Każdy człowiek ma jednak możliwość powrotu do relacji miłości z żyjącym Bogiem.

- Chrystus jest Synem Bożym, którego bezgrzeszne życie uczyniło Go zdolnym do złożenia doskonałej ofiary. Poprzez swoją śmierć na krzyżu wykupił grzesznych ludzi. Zmartwychwstanie Chrystusa jest ostatecznym dowodem na prawdziwość tych twierdzeń.

- Bóg oczekuje od nas, że uznamy swój grzech, będziemy pokutować i uwierzymy w Chrystusa. Zatem odwracamy się od grzechu, szczególnie od grzechu niewiary, i zwracamy do Boga w wierze, mając świadomość, że przez resztę życia będziemy naśladować Chrystusa.

Innym ujęciem tej samej historii jest schemat: stworzenie, upadek, odkupienie i spełnienie. Istnieje jeszcze wiele innych celnych streszczeń ewangelii. Nie ma znaczenia, którego konkretnie używasz, jeśli nauczasz przesłania prowadzącego ludzi do pojednania z Bogiem.

Nadzieją w ewangelizacji jest to, że tak nasiąkamy prawdą ewangelii i życiem zgodnym z ewangelią oraz tak przykładamy się do studiowania ewangelii, że nie ma ona innego wyjścia, jak tylko wypływać z nas na zewnątrz.

CEL

Gdy nauczamy ewangelii, mamy cel. „Cel" to krótkie słowo i łatwo je pominąć, gdy analizujemy definicję ewangelizacji. Cel jednak może być właśnie tym, o co najczęściej się potykamy – szczególnie ci z nas, którzy są bardziej dojrzałymi chrześcijanami.

Nasz cel wynika ze zrozumienia faktu, że każdy, z kim rozmawiamy, zmierza do jednego z dwóch końców: życia wiecznego lub wiecznego potępienia. Dlatego nie wykładamy faktów związanych z ewangelią w sposób akademicki czy przypadkowy. W nauczaniu ewangelii mamy cel – lub kierunek.

Cel przypomina nam także, że ludzie potrzebują czegoś więcej niż przekaz danych. Ci, według których ewangelizacja to wyłącznie nauczanie, wykonują dobrą pracę w kontekście wyjaśniania i udzielania odpowiedzi na pytania. Powinniśmy to czynić wszyscy. Wszyscy chrześcijanie powinni przemyśleć argumenty, które stoją za nadzieją, jaką mamy w Chrystusie. Argumenty, które rozwiewają wątpliwości i oddalają zarzuty. Gdy jednak przedstawiamy fakty związane z ewangelią, to właśnie pamięć o celu ewangelizacji pomaga nam być ludźmi współczującymi, rozumiejącymi i kochającymi (1P 3:15).

Posiadanie celu pozwala nam z właściwej perspektywy spoglądać na to, co robimy. Kierunkuje nas w stronę mety. Cel pomaga nam zrozumieć, jak duża jest stawka: oglądać ludzi przechodzących z ciemności do światła, z niewoli do wolności. Mając większy cel, lepiej rozpoznajemy, którą walkę powinniśmy podjąć, a której uniknąć.

Brałem kiedyś udział w programie radiowym. Zadzwoniła pewna kobieta:

– Czy powinnam iść na katolicki chrzest synka mojej siostry?

Kobieta następnie zaczęła wylewać złość, nawet nienawiść wobec faktu, że jej siostra wierzy, iż chrzest „zbawi" jej dziecko. Przerwałem jej:

– Sądzę, że powinnaś pójść. Nie po to, aby dać poparcie niebiblijnemu rozumieniu nawrócenia. Powinnaś pójść, ponieważ masz większy cel w perspektywie niż poprawianie błędnej teologii swojej siostry w sprawie chrztu. Powinnaś iść i być wsparciem, powinnaś być wypełniona miłością, ponieważ chcesz, aby twoja siostra dała ci prawo mówić, także do twojego siostrzeńca, o jedynej drodze zbawienia...

Chciałem, aby miała lepszy cel – aby nie przegapiła celu ewangelizacji.

PRZEKONAĆ

W ewangelizacji nie chodzi o „jakiś" cel. Mamy konkretnie określony środek tarczy: przekonać ludzi, aby się nawrócili, aby stali się naśladowcami Jezusa.

Apostoł Paweł mówi, że *staramy się przekonywać ludzi* (2Kor 5:11), aby naśladowali Jezusa. Dla mnie słowo „przekonywać" jest bardzo pomocne – wskazuje, jak nie popełnić błędu: przekonujemy, ale nie manipulujemy; przekonujemy, ale to nie my sprawiamy, że inni pokutują lub się nawracają. Oczywiście pragniemy, aby ludzie się nawracali, ponieważ wiemy, że nawrócenie jest konieczne, by stać się chrześcijaninem. Prawdziwe nawrócenie jest jednak dziełem Ducha Świętego.

Nawrócenie to najczęściej źle rozumiany element wiary chrześcijańskiej. Było nim, gdy Jezus nauczał na jego temat przywódcę religijnego swoich czasów (J 3). I dziś pozostaje niejasne zarówno dla chrześcijan, jak i dla niechrześcijan. Wyjaśnijmy więc znaczenie nawrócenia.

W muzułmańskim środowisku, w którym mieszkam, wielu ludzi wychowanych w innych religiach nie może zrozumieć, o co mi chodzi, gdy nauczam, że nikt się nie rodzi chrześcijaninem, że wszyscy chrześcijanie są konwertytami. Nawet ludzie wychowani jako chrześcijanie są zdezorientowani odnośnie do nawrócenia, ponieważ w dużej części pochodzą z tradycji podkreślających, że ludzie są chrześcijanami ze względu na czynniki zewnętrzne. Biblia jednak w jasny sposób naucza, że nawrócenie nie jest przyjęciem religii rodziców ani kościoła, do którego chcesz się przyłączyć; nie wynika też z treści twojego paszportu. Nie jest oparte na twoim dorobku naukowym, nawet jeśli to dorobek zdobyty w instytucjach religijnych. Nawrócenie pochodzi z prawdziwej, świadomej i szczerej wiary w Jezusa.

Nie jesteśmy w stanie wytworzyć ani nawrócenia, ani szczerej wiary. To terytorium Ducha Świętego.

Mój przyjaciel Jeff podczas lunchu rozmawiał ze swoim kolegą maklerem o chrześcijaństwie. Kolega zwrócił się do Jeffa protekcjonalnym tonem:

– Tak, Jeff, chciałbym mieć twoją wiarę.

Jeff odpowiedział:

– Cóż, wiara jest darem. Tak naprawdę nie ma to nic wspólnego ze mną. To Bóg daje wiarę, dlatego będę się modlił o ten dar dla ciebie.

Nie takiej odpowiedzi spodziewał się ów człowiek, ale była ona absolutnie prawdziwa. Nawrócenie jest konieczne, ale stanowi pochodną szczerej wiary, która jest dana przez Ducha Świętego.

Jednak najistotniejszą rzeczą, którą należy zrozumieć odnośnie do nawrócenia, jest to, jak wyglądają jego skutki.

POŻAR W SYNAGODZE – JAK POSTĘPUJE NAPRAWDĘ NAWRÓCONA OSOBA

Nawrócenie to nie tylko przyjemne uczucie. To nie tylko zmiana zdania. To nie otwarcie książki na nowej stronie. Owszem, te rzeczy mogą towarzyszyć nawróceniu, ale mogą też wystąpić w innych kontekstach. Prawdziwe nawrócenie jest wyjątkowe. Rodzi się z opamiętania i wiary, a jego owocem jest przemienione życie.

Niedawno poszedłem posłuchać Jamesa McPhersona, historyka, laureata Nagrody Pulitzera, który wygłosił wykład na temat bitew morskich, jakie miały miejsce podczas wojny secesyjnej. Wykład ten, sponsorowany przez miejscowe stowarzyszenie historyczne, odbywał się w dużej synagodze. Sala była pełna. W powietrzu dało się odczuć pewnego rodzaju napięcie, związane z faktem, że czekaliśmy na wykład znanego profesora, wykładowcę z Uniwersytetu Princeton.

Gdy doktor McPherson wszedł na scenę, natychmiast zdobył słuchaczy. Jego donośny głos, sarkastyczne poczucie humoru, a także wprawiające w zdumienie opanowanie wykładanego materiału urzekły audytorium. Jednak mniej więcej w połowie wykładu niespodziewanie zabrzmiał alarm przeciwpożarowy. To był prawdziwy alarm, nie tylko głośne dźwięki elektronicznego klaksonu; rozbłysły również światła stroboskopowe i zaczęły nieregularnie migać.

Doktor McPherson zamarł. Jego oczy, szeroko otwarte ze zdumienia, przywiodły mi na myśl sowę niespodziewanie obudzoną z drzemki. Rozglądał się na lewo i prawo, nie wiedząc, co ma zrobić. Ponieważ najprawdopodobniej żaden z uczestników nie uczęszczał do synagogi, nikt nie przejął kontroli nad wydarzeniami. Po prostu rozglądaliśmy się dookoła, uśmiechając się nawzajem do siebie i obmyślając, co robić. Minął jakiś czas, który zdawał się wiecznością, a alarm wył dalej. Ludzie pozostali na swoich miejscach, rozmawiając w małych grupach w oczekiwaniu, aż alarm zamilknie.

„Może naprawdę się pali" – zastanawiałem się. Szybko jednak porzuciłem tę myśl. Fałszywe alarmy to przecież norma. Doszedłem do wniosku, że alarm musi się po prostu zresetować. Poza tym nikt inny nie uznał tego za jakiś problem – poza jednym mężczyzną, który wstał, spokojnie pomaszerował w kierunku wyjścia i opuścił budynek. Nie sądzę, aby wiele osób go zauważyło. Niedługo potem alarm się wyłączył i doktor McPherson kontynuował swój wykład.

Jeśliby to miało posłużyć za przenośne ujęcie prawdziwego nawrócenia, w tym pomieszczeniu znajdowała się tylko jedna nawrócona osoba, tylko jeden prawdziwy wierzący; reszta z nas utknęła w swojej racjonalizacji. Niektórzy mogli pomyśleć, że rzeczywiście się pali, ale nie uwierzyli w to na tyle mocno, aby wyjść z budynku. W biblijnym sensie nie jesteśmy przekonani dopóty, dopóki się nie opamiętujemy, nie pokładamy szczerej wiary w Jezusie i nie podążamy za Nim.

Tak właśnie przedstawiają się cztery elementy mojej definicji ewangelizacji.

CO SIĘ DZIEJE, GDY ŹLE ROZUMIEMY EWANGELIZACJĘ?

Ewangelizacja to nauczanie ewangelii (przesłania od Boga, które prowadzi nas do zbawienia) w celu przekonania do niej słuchacza. Jeśli kościół nie rozumie biblijnej ewangelizacji, nie przetrwa. Jeżeli nie praktykujemy zdrowej ewangelizacji, zaczynają się przewracać kolejne klocki domina:

- Głoszenie i nauczanie zaczynają się koncentrować na moralnym życiu, a nie na życiu skupionym na ewangelii.
- Niewierzący pozostają zgubieni, ale są oswajani z myślą, że wszystko z nimi w porządku.
- Chrześcijanie uznają niewierzących za wierzących, ponieważ dokonali oni powierzchownego, zewnętrznego wyznania wiary.
- Kościół chrzci niewierzących.
- Kościół pozwala, aby niewierzący stawali się jego członkami.
- W efekcie niewierzący stają się przywódcami kościoła.
- Kościół staje się subkulturą nominalizmu.

Niebiblijna ewangelizacja to rodzaj eutanazji dla kościoła, dlatego odpowiednie pojmowanie ewangelizacji jest tak istotne.

Ewangeliści są jak szkoleni psychologowie, których wzywa się do negocjacji z ludźmi grożącymi popełnieniem samobójstwa. Ich celem jest nakłonienie potencjalnych skoczków, aby zeszli z dachu. Psychologowie nie używają przemocy i nie kłamią. Odwołują się do prawdy, nadziei i rozsądku, aby przekonywać. Zachowują zimną krew i są spokojni. Są również uprzejmi, ponieważ wiedzą, że stawką jest życie.

Podobnie my – używamy nadziei ewangelii, aby przekonywać. Również zachowujemy zimną krew i jesteśmy uprzejmi, ponieważ znamy stawkę. Naszym celem jest nakłonienie ludzi do zejścia z dachu. A jeśli ktoś zostanie przekonany i daje się poprowadzić w bezpieczne ramiona Zbawiciela, towarzyszy temu niezmierna ulga.

2

KULTURA EWANGELIZACJI

W Liście do Filipian apostoł Paweł napisał:

> Mam was w swoim sercu, boście wszyscy wraz ze mną współuczestnikami łaski zarówno wówczas, gdy jestem w więzieniu, jak i w czasie obrony i umacniania ewangelii. Albowiem Bóg mi świadkiem, jak tęsknię do was wszystkich serdeczną miłością Chrystusa Jezusa (Flp 1:7–8).

Bardzo mocno identyfikuję się z uczuciem, które Paweł żywił do swoich przyjaciół w Filippi. Odkąd tylko pamiętam, zawsze żyłem wśród przyjaciół.

Jako dziecko przyprowadzałem do domu znajomych. Moje najwcześniejsze wspomnienia to nasze podwórko pełne kolegów – ku radości mojej lubiącej towarzystwo matki.

Będąc na studiach, rzadko uczyłem się sam – dobrze, wiem, rzadko uczyłem się w ogóle, ale jeśli już, to razem z paczką braci i sióstr.

Ożeniłem się z moją najlepszą przyjaciółką.

W pracy najwięcej radości sprawia mi możliwość współdziałania z ludźmi, których podziwiam i nazywam przyjaciółmi.

Zabierałem swoich przyjaciół w różne części całego świata, zawierałem też przyjaźnie z ludźmi, którzy tam mieszkali.

Oczywiście są także zmagania. Do tej pory nie wiem, jak można by napisać wspólną książkę z przyjaciółmi. Jednak poza tymi wybranymi zadaniami, które muszę wykonać samodzielnie, pragnieniem mojego życia, od domowego podwórka po najdalsze zakątki świata, zawsze było przebywanie z przyjaciółmi. Zawsze tego pragnąłem – tak jestem zaprogramowany.

Dlaczego zatem ekstrawertyk taki jak ja myśli o ewangelizacji w kategoriach wyłącznie indywidualnych? Być może wynika to z faktu, że niemal wszystkie rady dotyczące ewangelizacji, które słyszałem, związane były z osobistą ewangelizacją. Nawet moje nauczanie na przestrzeni wielu lat w większości dotyczyło osobistej ewangelizacji. To dość dziwne w moim przypadku, zwłaszcza że ewangelizacja jest przerażająca, a ja nie lubię robić przerażających rzeczy samemu. Założę się, że ty również.

Rzecz jasna są ludzie, którzy nie mają żadnego problemu z dzieleniem się swoją wiarą. Gdybyś jednak zapytał większości normalnych ludzi, co powstrzymuje ich przed ewangelizowaniem, odpowiedzieliby, że strach – strach przed odrzuceniem, przed wyjściem na idiotę albo przed zakwalifikowaniem do kategorii zdefiniowanej dziwnymi stereotypami o ewangelistach. Z całym szacunkiem do G.K. Chestertona, to nie tak, że ewangelizację wypróbowano i zawiodła; raczej uznano ją za trudną i pozostawiono niewypróbowaną.

Dlaczego zatem robić coś przerażającego i trudnego samemu? Wszyscy wierzący, łączcie się! Ewangelizujcie razem z wierzącymi przyjaciółmi, którzy pociągną was do przodu.

Doceniam osobistą ewangelizację i uważam, że powinniśmy być do niej gotowi. Ponieważ jednak wierzę, że kościół jest silnikiem ewangelizacji, twierdzę, że powinniśmy także rozwijać kulturę ewangelizacji w naszych kościołach lokalnych. Trzeba, aby całe kościoły mówiły o Jezusie.

Zastanówmy się, jakie są korzyści wspólnej ewangelizacji:

- Jesteśmy odpowiedzialni przed sobą nawzajem.
- Wzmacniamy nasze wspólne postanowienia.
- Uczymy się od siebie nawzajem.
- Razem cieszymy się z sukcesów i razem płaczemy w porażkach.
- Jesteśmy połączeni więzami ważnych wspólnych doświadczeń.

Dzielenie się wiarą wraz z przyjaciółmi po prostu ma sens.

Właściwie nie trzeba wiele, by przekonać większość chrześcijan, że wspólnotowa ewangelizacja to dobra droga. Nie sprawia nawet większej trudności znalezienie ludzi, którzy razem będą dążyć do realizacji ewangelizacyjnych zadań.

Zazwyczaj jednak, gdy myślimy o wspólnotowej ewangelizacji, kojarzymy ją z programami ewangelizacyjnymi, a to nie to samo. Poprzez program rozumiem okazjonalne imprezy z udziałem rozpoznawalnego mówcy lub poświęcone jakiejś ekscytującej kwestii. W którymś momencie podczas imprezy dochodzi do prezentacji ewangelii. Czasem też taki program nie jest szeroko rozreklamowany, pozostaje niszowy, sprofilowany na poszukujących, jak na przykład projekt społeczny albo wydarzenie sportowe, zorganizowane z nadzieją, że w jego trakcie zostaną otworzone drzwi do rozmów na tematy duchowe.

Bóg może używać programów. Znam ludzi, którzy nawrócili się podczas imprez ewangelizacyjnych. Często też sam takie wydarzenia promuję i podczas nich przemawiam. Jestem jednak przekonany, że programy te nie są najbardziej skutecznym ani też podstawowym sposobem ewangelizacji.

PRZEDSTAWIENIE WIELKANOCNE

Kościół w moim rodzinnym mieście postanowił zorganizować przedstawienie wielkanocne. Pomysł polegał na tym, że chciano skorzystać z tej niesamowitej historii wielkanocnej i przygotować spektakl, który przyprowadziłby ludzi do Chrystusa. Przedstawienia pasji są stare jak świat, ale starsi kościoła pragnęli, aby w tym przedstawieniu w jasny i wyraźny sposób została opowiedziana ewangelia. Na końcu widzowie mieli otrzymać szansę, aby osobiście odpowiedzieć na Dobrą Nowinę.

Cel ten wymagał dobrego scenariusza, który pokonałby ograniczenia związane ze sceną. Oczywiście całe przedstawienie musiało też mieć rozrywkowy charakter. Dlatego cechowało się zachwycającą grą aktorską i profesjonalnym wykonaniem pieśni. Członków kościoła poproszono, aby zbudowali bogate dekoracje i włączyli się do ciężkiej pracy, żeby plan produkcyjny mógł zostać zrealizowany. Zwierzyńce i gospodarstwa rolne stały się źródłem zwierząt i ich treserów. Nawą główną, ku zachwytowi publiczności, prowadzono wielbłądy, owce i krowy. W trakcie przedstawienia, na odpowiedni sygnał, wypuszczano do lotu gołębie.

Pasja wystawiana była co roku, a z biegiem czasu jej popularność przekroczyła najśmielsze oczekiwania. Wtedy to zatrudniono zawodowych producentów z Hollywood. Nawet rola Jezusa została powierzona hollywoodzkiemu aktorowi (niechrześcijaninowi). Chociaż kościół posiadał jeden z największych budynków w okolicy, popyt na miejsca zdecydowanie przekroczył podaż. Żeby zapanować nad tłumem oglądających, rozprowadzano bezpłatne bilety; przedstawienie wystawiano tygodniami, organizowano także dodatkowe spektakle na zamówienia specjalne. Ludzie przyjeżdżali z okolicznych miejscowości, a nawet odległych krajów. Program zaczął żyć własnym życiem.

Co za pokaz! Nikt nie zasnął na *takiej* prezentacji ewangelii! Gra aktorska była wyśmienita, śpiew profesjonalny. Zwierzęta zauroczyły dzieci. Wisienką na torcie, przynajmniej dla moich pociech, był moment, w którym rzymski centurion wpadał na scenę na białym ogierze, wymachując mieczem (zawsze zastanawiałem się, gdzie oni znaleźli tę scenę w Ewangeliach). Po scenie ukrzyżowania, odegranej z nieco większym smakiem i bardzo „teatralnie",

„Jezus" był unoszony pod sufit za pomocą sprytnie pomyślanej konstrukcji z lin. To wszystko naprawdę robiło ogromne wrażenie!

Był tylko jeden problem: gdy kościół prześledził to, co stało się w ciągu tych lat, okazało się, że pomimo popularności, jaką cieszyło się przedstawienie, praktycznie nikt się nie nawrócił.

Mimo wielkiej ilości wydanych pieniędzy, czasu poświęconego na budowę scenografii, zatrudnionych osób, spełniania przepisów dotyczących podnoszenia ludzi na linach w miejscach publicznych, dziesiątek tysięcy uczestników i całej masy sprzątniętych odchodów zwierząt – ludzie się nie nawracali, przynajmniej nie w ilościach większych, niż można oczekiwać w czasie zwykłego głoszenia Słowa. Dlatego starsi kościoła, kierowani rozsądkiem, postanowili zakończyć program.

Założę się, że była to trudna decyzja. Ludzie uwielbiają programy – spójrz na samą frekwencję tego przedstawienia. Kościół jednak w końcu zadecydował, że jeśli jego członkowie poświęcą choćby połowę czasu przeznaczanego na produkcję przedstawienia, by w przyjacielskiej atmosferze prowadzić rozmowy ewangelizacyjne ze swoimi sąsiadami, współpracownikami, kolegami ze studiów, przyniesie to lepszy skutek ewangelizacyjny i pozwoli dotrzeć do większego grona osób. Jeśli dobrze się nad tym zastanowisz, nie ma sposobu na to, żeby zmieścić w budynku kościelnym wszystkich niechrześcijan, z którymi członkowie kościoła spotykają się na co dzień – bez względu na wielkość tego budynku.

Prawda jest taka, że większość ludzi nawraca się poprzez wpływ, jaki mają na nich członkowie rodziny, studia biblijne w małych grupach albo rozmowy z przyjaciółmi po nabożeństwie – chrześcijanie z premedytacją mówiący o ewangelii.

Gdy spojrzysz na programy z odpowiednim dystansem, okazuje się, że nie działają. Przede wszystkim nie mają uzasadnienia ekonomicznego: im więcej pieniędzy zostaje wydanych na program, tym mniej owoców ewangelizacji. Na przykład, gdy zapytano osoby poniżej dwudziestego pierwszego roku życia (czas, w którym większość ludzi się nawraca), jak to się stało, że narodzili się na nowo, tylko jeden procent z nich odpowiedział, że to dzięki telewizji i innym mediom, natomiast aż czterdzieści trzy procent przyznało, że nawróciło się dzięki przyjacielowi lub członkowi rodziny[1]. Pomyśl tylko, jaka jest różnica pomiędzy kosztem kubka kawy a kosztem programu telewizyjnego. Albo spójrz na to przez pryzmat efektywności: mamy przyprowadzają do Jezusa więcej osób niż programy ewangelizacyjne.

Co ciekawe, programy ewangelizacyjne mają za to inny pozytywny efekt nieewangelizacyjny: tworzą więzi pomiędzy chrześcijanami, którzy biorą w nich udział, zachęcają wierzących do opowiadania się po stronie Chrystusa i umożliwiają kościołom wejście w nowe miejsca służby.

Wydaje się jednak, że mamy niezaspokajalny głód programów ewangelizacyjnych. Dlaczego? Programy są jak cukier. Jest smaczny, nawet uzależniający. Odbiera jednak ochotę na zdrową żywność. Mimo jednak, że daje nam szybki zastrzyk energii, z biegiem czasu sprawia, że stajesz się sflaczały, a jeśli stanie się stałą dietą, zabije cię.

Ścisła dieta oparta na programach ewangelizacyjnych prowadzi do wytworzenia niedożywionej ewangelizacji. Gdy spożywamy cukier, że wydaje nam się, że jedliśmy posiłek, podczas gdy tak naprawdę nic nie jedliśmy. Podobnie programy ewangelizacyjne mogą dawać nam przekonanie, że ewangelizowaliśmy, chociaż nie ewangelizowaliśmy. Dlatego podczas realizacji programów ewangelizacyjnych powinien nam towarzyszyć zdrowy niepokój. Powinniśmy z nich korzystać strategicznie, ale w umiarze, pamiętając, że Bóg nie zesłał nam wydarzenia, ale posłał swojego Syna.

Co powinniśmy robić? Chcemy, aby ewangelizacja była obecna we wspólnocie. Chcemy, aby nasi przyjaciele towarzyszyli nam, gdy dzielimy się wiarą. Jednocześnie widzimy ograniczenia, a nawet niebezpieczeństwa związane z programami ewangelizacyjnymi. Czy jest jakaś alternatywa?

Chciałbym teraz przedstawić argumenty przemawiające za czymś zupełnie innym, czymś, co jest zarówno wspólnotowe, jak i osobiste – za kulturą ewangelizacji.

CZYM JEST KULTURA EWANGELIZACJI?

Przez dużą część swojego życia mieszkałem na styku różnych kultur i nauczyłem się, że praktycznie niemożliwe jest zrozumienie jakiejkolwiek kultury wyłącznie poprzez przeczytanie odpowiedniej książki. Tak również jest z definicjami i instrukcjami dotyczącymi kultury ewangelizacji. Każdy jej opis będzie niewystarczający bez doświadczenia jej w praktyce.

Kultura bez wątpienia musi się opierać na wspólnych ideach, wspólnym języku, a także wspólnym zrozumieniu tego, jak powinniśmy się zachowywać. Istnieje wiele ekspresji kultury: może być rozumiana szeroko (np. kultura chińska) lub wąsko (np. kultura rodzinna). Kultura często jest niewidoczna, szczególnie dla tych, którzy znajdują się w jej środku. Kulturę ewangelizacji w kościołach lub wspólnotach cechują biblijne idee, biblijny język i wspólne biblijne przedsięwzięcia. Ta kultura również często bywa niewidoczna dla tych, którzy znajdują się w jej środku.

Gdy rozmawiam z przywódcami kościołów na całym świecie i mówię im, że marzy mi się kultura ewangelizacji, nie muszę jej definiować. Rozumieją mnie intuicyjnie. Oni również za nią tęsknią. Chcieliby, aby kościoły były pełnymi miłości wspólnotami, oddanymi głoszeniu ewangelii, dla których głoszenie jest naturalną częścią codziennego życia, a nie okazjonalną imprezą.

Choć niemal niemożliwe jest przedstawienie szczegółowej instrukcji działania cechującego zdrową kulturę ewangelizacji, uważam, że możemy opisać nasze pragnienia w tej kwestii. W dalszej części tego rozdziału prezentuję moich dziesięć największych pragnień związanych z kulturą ewangelizacji.

1. Kultura motywowana przez miłość do Jezusa i Jego ewangelii

> *Bo miłość Chrystusowa ogarnia nas, którzy doszliśmy do tego przekonania, że jeden za wszystkich umarł; a zatem wszyscy umarli; a umarł za wszystkich, aby ci, którzy żyją, już nie dla siebie samych żyli, lecz dla tego, który za nich umarł i został wzbudzony* (2Kor 5:14–15).

Ewangelizacja często przypomina toczenie głazu pod górę. Gdy jednak jestem wśród ludzi, dla których motywacją do ewangelizowania jest miłość do Jezusa, postrzeganie ewangelizacji się zmienia. Przymus miłości do dzielenia się ewangelią samemu to wspaniała sprawa, ale gdy działa on we wspólnocie, staje się to radośnie chwalebne. Znika potrzeba zadręczania ludzi, aby dzielili się swoją wiarą. Ewangelizacja staje się czymś, co chcemy robić. Staje się sposobem myślenia.

Niedawno spędziłem nieco czasu z przyjaciółmi, którzy czuli się bardzo zachęceni, widząc kilkoro nowo nawróconych ludzi, a także obserwując ich duchowy wzrost. Brian zwrócił się do Shanyl:

– Shanyl, muszę ci oddać honor. Danny był tak zatwardziały w poglądach na ewangelię, że większość ludzi dawno by się poddała, ale ty byłaś naprawdę nieustępliwa w głoszeniu z miłością zarówno do niego, jak i do Jezusa. Nie dałaś za wygraną i Bóg cię użył. To naprawdę zdumiewające, jak ewangelia zmienia życie Danny'ego.

Gdy to usłyszałem, sam poczułem się zachęcony, aby przypomnieć sobie o miłości do Jezusa i ewangelii. Dotarło do mnie, jak bardzo chcę wiernie dzielić się ewangelią z innymi. Świat, ciało i diabeł zawsze sprzeciwiają się głoszeniu ewangelii. Ale w kulturze ewangelizacji, zakorzenionej w sercach kochających Jezusa i ewangelię, góra zdaje się przechylać w drugą stronę i zamiast pchać głaz, zaczynamy go gonić.

2. Kultura, która jest pewna ewangelii

Albowiem nie wstydzę się ewangelii Chrystusowej, jest ona bowiem mocą Bożą ku zbawieniu (Rz 1:16).

– Zastanawiam się, kiedy oni stracili przekonanie o pewności ewangelii – zadumał się mój przyjaciel, Brytyjczyk.

Nie był to język, do którego byłem przyzwyczajony:

– Co masz na myśli? – zapytałem.

Rozmawialiśmy na temat służby pozakościelnej, która swego czasu była żywiołowym centrum świadczenia o ewangelii, a później popadła w letniość – niestety historia zna wiele takich przypadków.

Chwycił brodę kciukiem i palcem wskazującym, a następnie powiedział:

– Chodzi mi o to, w którym momencie zaczęli ufać sztuczkom i światowym metodom zamiast prostemu przesłaniu ewangelii.

Tęsknię za kulturą ewangelizacji, która nigdy nie zamienia przekonania o pewności ewangelii na przekonanie o pewności technik, osobowości albo zabawnych sztuczek. Ludzie, którzy przeciwstawiają się ewangelii, zawsze przekonują chrześcijan, że nowoczesny świat uczynił ją nieistotną. Podkopują przeświadczenie chrześcijan o mocy ewangelii. Robili tak wieki temu, w świecie, który z dzisiejszej perspektywy nie wydaje się już nowoczesny, robią to dzisiaj i będą robić, dopóki Jezus nie powróci. Świat kusi słabych chrześcijan, aby wstydzili się ewangelii. Tęsknię do kultury ewangelizacji, w której budujemy się nawzajem i przypominamy jedni drugim, aby nie chwytać się światowych praktyk i technik ewangelizacji, a całą pewność położyć w prostym przesłaniu ewangelii.

3. Kultura, która rozumie niebezpieczeństwo dostarczania rozrywki

> *A o tobie, synu człowieczy, twoi rodacy rozprawiają pod ścianami i w drzwiach domów, mówiąc jeden do drugiego, brat do brata: Nuże, chodźcie i słuchajcie, co za słowo wychodzi od Pana. I przychodzą do ciebie gromadnie jak lud na zgromadzenie, siadają przed tobą, słuchają twoich słów, lecz według nich nie postępują, bo kłamstwa są w ich ustach, przytakują im, lecz ich serce lgnie do nieuczciwych zysków. I oto ty jesteś dla nich jak piewca miłości z pięknym głosem i pełną wdzięku grą na strunach lutni; oni wprawdzie słuchają twoich słów, lecz według nich nie postępują* (Ez 33:30–32).

O izraelskim proroku Ezechielu ludzie rozmawiali poprzez media społecznościowe tamtych czasów (przy murach i w drzwiach) i nawoływali się nawzajem: „Hej, chodźmy obejrzeć nowy, gorący spektakl w mieście: naucza Ezechiel!" Chodzili go słuchać, tak jakby był żywiołowym piosenkarzem albo wziętym muzykiem. W Ezechielu nie widzieli proroka mówiącego im o ich zbawieniu, ale artystę estradowego. Pomimo całego ich entuzjazmu dla jego występów, wszystko, co mieli w sercach, to seks i pieniądze, a nie posłuszeństwo Bogu.

Czy to nie wygląda na współczesny problem? Żeby namówić ludzi na przyjście do kościoła na nabożeństwo, trzeba wrzucić na Twittera jakiś gorący temat, skomponować jakiś porywający utwór muzyczny albo znaleźć charyzmatycznego mówcę, który pociągnie za odpowiednie sznurki – dodatkowe punkty, jeśli jest zabawny. To nietrudne. Ale Bóg ostrzegł Ezechiela, a także ostrzega dzisiaj nas: możesz zdobyć tłum takimi metodami, ale nie zdobędziesz ludzkich serc. Zdobywanie serc jest dziełem wyłącznie Ducha Świętego.

W kulturze ewangelizacji nie mylimy rozrywki ze służbą ani służby z rozrywką. Razem głosimy cudowne prawdy Boże. Mówimy sobie nawzajem o wielkim zbawieniu, Bożej chwale wśród narodów, a także Jego wspaniałych dziełach (Ps 96:2–3). Pragnę kościoła, który rozumie niebezpieczeństwo rozrywki i dostrzega, co ona niesie: to lew przyczajony przy ewangelizacyjnych drzwiach, gotowy, by nas pożreć. Potrzebujemy kultury ewangelizacji, która nigdy nie poświęci się na ołtarzu bałwochwalstwa rozrywki, ale serwuje niezafałszowany pokarm ewangelii Chrystusa.

4. Kultura, która postrzega ludzi we właściwy sposób

Dlatego już odtąd nikogo nie znamy według ciała (2Kor 5:16a).

Bardzo łatwo jest przyjąć kulturę świata i postrzegać ludzi w kontekście seksistowskich, rasistowskich lub innych powierzchownych czynników. Mamy tendencję do zapominania o tym, że jesteśmy otoczeni ludźmi z krwi i kości, którzy noszą prawdziwe rany, mają prawdziwe marzenia, toczą prawdziwe walki i mają prawdziwe miłości. Paweł jednak wskazuje, jak zmienia się nasze postrzeganie innych, gdy poznajemy Jezusa. Nie patrzymy na nich oczami tego świata, jak czyniliśmy to niegdyś, ale oczami Boga.

Gdy przeprowadziliśmy się do naszej dzielnicy w Lexington w stanie Kentucky, szczerze pragnęliśmy dotrzeć do ludzi, którzy znaleźli się w naszym zasięgu. Nasza pierwsza rozmowa na tematy duchowe, którą przeprowadziliśmy z Tomem, sąsiadem mieszkającym trzy domy od nas, nie była jednak obiecująca. Pewnego dnia zobaczył, że pracuję w ogrodzie, i wpadł z wizytą. W jednej ręce trzymał zmiksowanego drinka, a w drugiej papierosa. Gawędziliśmy o tym i owym, głównie o wspaniałym wyglądzie jego ogrodu, gdy nagle podszedł mój sześcioletni syn:

– Palenie jest niebezpieczne, musisz to rzucić – wypalił, marszcząc brwi i kładąc ręce na biodra. – Módl się do Jezusa, a On pomoże ci przestać.

Stałem oniemiały, a uśmiech zastygł mi na twarzy. „Świetnie! – pomyślałem. – Co jest grane? Oni pewnie już teraz myślą o nas, że jesteśmy jakimiś moralizującymi fanatykami, którzy siedzą przy stole i obgadują sąsiadów". Na obronę Davida muszę powiedzieć, że jego ciotka Linda, świeżo nawrócona osoba, właśnie zdecydowała się rzucić palenie, a David się za nią modlił. Mimo to stałem tam zażenowany.

Tom jednak zgasił papierosa, pochylił się do mojego syna, położył mu rękę na ramieniu i z uśmiechem powiedział:

– Wiesz co, David? Pewnie masz rację, pewnie masz rację.

Cóż za wspaniała i wyrozumiała odpowiedź ze strony Toma! Zmusiło mnie to do zrewidowania mojej opinii na jego temat. Uświadomiłem sobie, że muszę pokutować z mojej opinii o nim jako jakimś tam facecie z tej samej ulicy, a zacząć myśleć o tym, kim on naprawdę jest. Wstęp Davida pewnie był arogancki, ale i tak lepszy niż moja bierność, za to poprowadził do nawiązania relacji z Tomem, którą nie wiem, czy bym nawiązał, gdybym nie zaczął patrzeć na niego jak na żywą osobę.

Gdy apostoł Paweł mówi, że powinniśmy patrzeć na ludzi oczami Chrystusa, ma na myśli patrzenie na innych przez pryzmat ewangelii. Dlatego widzimy ludzi jako piękne, cenne istoty, stworzone na obraz i podobieństwo Boga. Każdy z nas nosi odciśnięte Boże piętno. To właśnie z tego powodu chrześcijanie wierzą, że wszyscy ludzie mają godność, wartość i są cenni.

Jednocześnie uznajemy, że człowiek jest upadły, grzeszny i oddzielony od Boga. Wszyscy ludzie zniekształcili Boży obraz w nieprawdopodobne karykatury. Dlatego chrześcijanie nie są też ślepo zapatrzeni w człowieka.

W kulturze ewangelizacji jednak jesteśmy przede wszystkim świadomi tego, kim ludzie mogą się stać: nowymi stworzeniami w Chrystusie, ożywianymi przemieniającą mocą Bożą (2Kor 5:17). Pragnę przebywać wśród chrześcijan, którzy pamiętają, że są obrazami Boga. Pragnę przebywać wśród chrześcijan, którzy pamiętają o oddzieleniu od Boga. Przede wszystkim jednak pragnę żyć w kulturze, która wskazuje, kim ludzie mogą się stać poprzez ewangelię.

5. Kultura, w której wszyscy działają razem w jedności

Dziękuję Bogu mojemu za każdym razem, ilekroć was wspominam, zawsze w każdej modlitwie mojej za wszystkich was z radością się modląc, za społeczność waszą w ewangelii od pierwszego dnia aż dotąd (Flp 1:3–5).

Apostoł Paweł, pisząc do kościoła w Filippi, wyraził swoją wdzięczność za udział wiernych wraz z nim w służbie ewangelii. To obraz kultury ewangelizacji. Wszyscy razem działali na rzecz ewangelii. Każdy był zaangażowany.

Kiedy byłem trenerem drużyny piłkarskiej mojego pięcioletniego syna, zbieraliśmy razem cały zespół (bardzo, bardzo uroczy) i pytaliśmy:

– Dobrze, drużyno, gdy oni są przy piłce, którzy zawodnicy bronią?

A oni odkrzykiwali z zapałem:

– Wszyscy!

Następnie pytaliśmy:

– A gdy my jesteśmy przy piłce, którzy zawodnicy atakują?
– Wszyscy!

Gdy jednak przychodziło do realizacji tego planu w prawdziwym meczu, okazywało się, że nie jest to takie proste dla pięciolatków.

Taka właśnie jest ewangelizacja. Cel w obydwu przypadkach jest taki sam: wszyscy razem podążają w jednym kierunku.

Kultura ewangelizacji cechuje się założeniem, że każdy jest zaangażowany. Czy słyszałeś kiedyś, jak ktoś mówi, że ewangelizacja to nie jego obdarowanie – tak jakby to stanowiło dlań wymówkę od dzielenia się wiarą? To przedszkolne rozumienie ewangelizacji. Wszyscy chrześcijanie są zobowiązani do dzielenia się swoją wiarą, to wymóg związany z wiernością, a nie z obdarowaniem (Mt 28:19).

Pragnę dzielić się swoją wiarą w kontekście kościoła, który rozumie, co robię, i robi to wraz ze mną. W takiej kulturze, gdy przyprowadzam przyjaciela do kościoła, inni nie zakładają, że ta osoba jest chrześcijaninem. Nie są zszokowani, gdy przedstawiam kogoś i mówię: „To jest Bob. Bob wypróbowuje chrześcijaństwo". Nie tylko nie są zszokowani, ale odpowiadają mniej więcej w taki sposób: „Cieszę się, że tu jesteś. Byłem w tym samym miejscu kilka lat temu i chętnie bym usłyszał twoją opinię na ten temat. Powiedz mi: co sądzisz o chrześcijaństwie w tej chwili?"

Tęsknię za kulturą, w której wszyscy działamy razem, aby osiągnąć ten sam cel – być świadkami Chrystusa.

6. Kultura, w której ludzie nauczają się nawzajem

[...] zawsze gotowi do obrony przed każdym, domagającym się od was wytłumaczenia się z nadziei waszej (1P 3:15b).

Wzoruj się na zdrowej nauce, którą usłyszałeś ode mnie, żyjąc w wierze i w miłości, która jest w Chrystusie Jezusie (2Tm 1:13).

Apostoł Piotr zaleca nam, abyśmy byli gotowi dzielić się argumentami i odpowiedziami dotyczącymi nadziei, która jest w nas. Konieczny jest do tego przemyślany trening, który następnie wprowadzamy w praktykę. Dlatego właśnie Paweł przypomina Tymoteuszowi, aby przestrzegał tego, czego został nauczony.

Z radością zamieniłbym cały czar roztaczany przez porywających mówców, fascynującą muzykę i niebywale popularne przedstawienia wielkanocne na kulturę ewangelizacji, w której ludzie umieją poprowadzić studium biblijne z niechrześcijanami w oparciu o Ewangelię Marka, pokazać przesłanie ewangelii w konkretnym tekście i przekonywać niewierzących, aby przyszli do Jezusa ze względu na prawdę, którą odkryli w Biblii.

W kulturze ewangelizacji chrześcijanie uczą się od siebie nawzajem tych rzeczy, którym przyglądaliśmy się w poprzednim rozdziale: czym jest ewangelizacja, czym jest ewangelia, na czym polega prawdziwie biblijna rozmowa. Uczymy się także wzajemnie dzielić przesłaniem ewangelii. A później robimy to wszystko jeszcze raz od początku, wiedząc, że rdzewiejemy. W kulturze ewangelizacji ludzie starannie uczą się nawzajem, jak dzielić się swoją wiarą w biblijny sposób.

7. Kultura, która kształtuje ewangelizację

A co słyszałeś ode mnie wobec wielu świadków, to przekaż ludziom godnym zaufania, którzy będą zdolni i innych nauczać (2Tm 2:2).

Piękne w kulturze ewangelizacji – jeśli dobrze ją pojmujemy – jest to, że nowi wierzący mają gorliwość i kontakty, których brakuje często starszym chrześcijanom. Starszych natomiast cechuje zrozumienie i wiedza, tak potrzebne młodszym.

Gdy piszę te słowa, moja żona siedzi na kanapie i przygotowuje się do popołudniowego spotkania z Ruth i Samanti. Leeann prowadzi obie kobiety przez kurs *Christianity Explained*, wyjaśniający podstawy chrześcijaństwa. Ruth jest osobą nowo nawróconą; bardzo ekscytuje się swoją wiarą i dzieleniem się ewangelią. Ruth i Samanti pracują razem i mają ze sobą wiele wspólnego, ponieważ pochodzą z tego samego miasta na Sri Lance. Ojciec Samanti jest buddystą, matka katoliczką, a mąż muzułmaninem. To typowe dla Dubaju. Gdy Ruth opowiedziała Samanti o swojej wierze, ta zapragnęła dowiedzieć się więcej. Ruth jest głęboko przekonana, że jej życie zostało wykupione przez Jezusa, ale gdy ma wyjaśnić, na czym polega jej wiara, potrzebuje pomocy, szczególnie gdy ma rozmawiać z osobami o pochodzeniu takim jak Samanti. Dlatego podjęła mądrą decyzję, przyprowadzając Samanti do Leeann.

Leeann natomiast jest ewangelistką o dużej wiedzy, otwartą na ludzi, ale jej grono przyjaciół składa się w większości z dojrzałych chrześcijan. Możliwość spotkania się i porozmawiania z Samanti wzbudziła w Leeann wielkie emocje. A Samanti potrzebuje Jezusa!

Cała ta trójka stanowi doskonały przykład na to, jak działa kultura ewangelizacji. Leeann przejmuje prowadzenie w wyjaśnianiu, czym jest ewangelia. Ruth uczy się, w jaki sposób dzielić się wiarą, uczestnicząc w studium i rozwijając swoją przyjaźń z Samanti. A jeśli taka będzie wola Boga, Samanti usłyszy cudowną nowinę o tym, że Chrystus zbawia grzeszników, i odpowie na nią. W kulturze ewangelizacji ludzie wspólnie kształtują ewangelizację.

8. Kultura, w której ludzie dzielący się swoją wiarą są doceniani

> *A mam nadzieję w Panu Jezusie, że rychło poślę do was Tymoteusza, abym i ja się ucieszył, dowiedziawszy się, co się z wami dzieje. Albowiem nie mam drugiego takiego, który by się tak szczerze troszczył o was; bo wszyscy inni szukają swego, a nie tego, co jest Chrystusa Jezusa. Wszak wiecie, że jest on wypróbowany, gdyż jak dziecię ojcu, tak on ze mną służył ewangelii* (Flp 2:19–22).

Uwielbiam sposób, w jaki Paweł potrafił docenić Tymoteusza za jego pracę na rzecz ewangelii. Podobnie John, pastor pewnego kościoła w naszym mieście, zawsze na początku spotkania wspólnoty prosi, aby ktokolwiek miał szanse mówić o Jezusie w danym tygodniu, podzielił się swoim doświadczeniem z resztą zgromadzenia. Ludzie opowiadają swoje historie, a następnie ktoś się o nich modli.

Taka praktyka świętowania wysiłków ewangelizacyjnych jest prosta i nie wymaga dużych nakładów czasu, ale okazuje się niezwykle istotna w rozwijaniu kultury ewangelizacji. Nie ma nic bardziej zniechęcającego niż przekonanie, że kościół jest bardziej zainteresowany zaludnieniem żłobka niż dzieleniem się wiarą.

Tęsknię za kościołem, w którym nawet próby ewangelizowania są promowane. Nawet jeśli podjęty wysiłek nie doprowadzi do rozmowy o ewangelii, lepsza jest porażka poniesiona podczas ewangelizacji niż rezygnowanie z dzielenia się wiarą.

9. Kultura, która wie, jak potwierdzać i świętować nowe życie

Dziękujemy Bogu, Ojcu Pana naszego, Jezusa Chrystusa, zawsze gdy się za was modlimy, bo usłyszeliśmy o wierze waszej w Chrystusie Jezusie [...]. Tak też nauczyliście się go od Epafrasa, umiłowanego współsługi naszego (Kol 1:3–4.7)

Paweł wiedział, w jaki sposób traktować nowych wierzących. Celebrował ich nawrócenie, ale swoją – oraz ich – uwagę zawsze skupiał na Chrystusie. Nie wywyższał ich ponad miarę, ale także nie ignorował. Kultura ewangelizacji cieszy się z nowego życia w Chrystusie we właściwy sposób.

Po serii osobistych spotkań oraz studium biblijnym z Markiem Deverem Rob odwrócił się od ateizmu i powiedział Markowi, że stał się chrześcijaninem. Mark zapytał Roba, co ma na myśli. Rob wyjaśnił ewangelię i opisał, jak żałował za swój ateistyczny styl życia i jak całkowicie zaufał Chrystusowi.

Mark oznajmił wówczas:

– Bracie, po tym, co mi powiedziałeś, zgadzam się z tobą: *stałeś* się chrześcijaninem. Pomódlmy się teraz.

Gdy się pomodlili, Mark dodał:

– Rozumiesz, że znakiem prawdziwego nawrócenia nie jest modlitwa, ale długotrwałe kroczenie z Jezusem. Dlatego, choć wierzę, że naprawdę się nawróciłeś, zobaczymy, co będzie się działo z biegiem czasu.

Reakcja Marka jest przykładem odpowiedzi, którą nazywam „Alleluja!" i „Zobaczymy". Mówimy „Alleluja!", ponieważ prawdziwe nawrócenie jest najlepszą rzeczą, jaka może się przytrafić człowiekowi. „Zobaczymy" natomiast oznacza świadomość, że nawrócenie może być fałszywe, nawet jeśli nie ma się takiej intencji. Najważniejszy sprawdzian składa się z trzech części: dobrego zrozumienia ewangelii, przemienionego życia, a także długotrwałego kroczenia za Chrystusem.

Mark nie zataił nawrócenia Roba, ale również nie zrobił z niego gwiazdy. Podczas swojego chrztu Rob opowiedział, w jaki sposób stał się chrześcijaninem. Miały jednak nadejść próby, a to, w jaki sposób Rob przez nie przeszedł, jest ważniejsze niż jakakolwiek historia nawrócenia.

W kulturze ewangelizacji chrześcijanie wiedzą, jak traktować osoby niedawno nawrócone.

10. Kultura służby ryzykownej i niebezpiecznej

A chcę, bracia, abyście wiedzieli, że to, co mnie spotkało, posłużyło raczej ku rozkrzewieniu ewangelii, tak, że więzy moje za sprawę Chrystusową stały się znane w całym zamku i wszystkim innym (Flp 1:12–13).

Służba apostoła Pawła była na tyle ryzykowna, że trafił on do więzienia. Mogę powiedzieć, że w tej części świata, w której mieszkam, także wiele znanych mi osób trafiło do więzienia, ponieważ prowadziły życie wierne Chrystusowi.

Jak czytamy w 2 Liście do Koryntian 10:4–5, Paweł postrzegał życie chrześcijańskie jako wojnę z myślami sprzeciwiającymi się Bogu: *Unicestwiamy złe zamysły i wszelką pychę, podnoszącą się przeciw poznaniu Boga, i zmuszamy wszelką myśl do poddania się w posłuszeństwo Chrystusowi.* To ryzykowne zadanie; świat nie lubi, gdy jego idee są konfrontowane. Czy chcemy nawoływać ludzi do prowadzenia ryzykownej ewangelizacji? Chciałbym żyć w kulturze ewangelizacji podejmującej ryzyko – w sensie konfrontacji z kulturą. Oznacza to przede wszystkim niezwracanie uwagi na to, co inni o nas myślą.

Kościół Door of Hope w Portland w stanie Oregon odnosi wielkie sukcesy w służbie prowadzonej wśród hipsterów. Przywództwo kościoła zdecydowało nawet, że niedzielne nabożeństwo wieczorne będzie się odbywało w pobliskim parku. Wierzący spotkali się z kpiną i wyzwiskami, a pewna kobieta nawet rozebrała się do połowy, próbując ich zaszokować. Byli jednak i tacy, którzy zobaczywszy dobroć i miłość kościoła, przyłączyli się do niego. Chrześcijanie podejmują ryzyko różnego rodzaju. Moja przyjaciółka Joanna twierdzi, że nie wie nawet, jak poprowadzić studium biblijne, jeśli w grupie nie ma muzułmanów. Wszyscy powinniśmy myśleć o konkretnym ryzyku, jakie możemy podjąć w swojej własnej sytuacji. Gdy ryzykujemy, stajemy się w sferze duchowej niebezpieczni dla tych, których zamysły są przeciwne Bogu.

W Liście do Filipian apostoł Paweł pisze, że ewangelia stała się znana *w całym zamku* (Flp 1:13). Na końcu listu dodaje: *Pozdrawiają was wszyscy święci, zwłaszcza zaś ci z domu cesarskiego* (4:22). Oczywiste jest, że Paweł nawrócił niektórych ze swoich strażników.

Paweł ryzykował, a jego życie pełne ryzyka dla ewangelii było drogą prowadzącą do więzienia. Uwielbiam jednak pewien szczegół – zwróć uwagę, że to nie Paweł był przykuty do strażnika, lecz strażnik do Pawła.

Chciałbym należeć do kościoła, w którym ateiści i niechrześcijanie widzą, jak ich znajomi ateiści i niechrześcijanie się nawracają – to znak, że nasza kultura ewangelizacji nie stroni od podejmowania ryzyka.

11. Kultura, która rozumie, że kościół jest wybraną i najlepszą metodą ewangelizacji

Codziennie też jednomyślnie uczęszczali do świątyni, a łamiąc chleb po domach, przyjmowali pokarm z weselem i w prostocie serca, chwaląc Boga i ciesząc się przychylnością całego ludu. Pan zaś codziennie pomnażał liczbę tych, którzy mieli być zbawieni (Dz 2:46–47).

Tak, wiem, poruszyłem już dziesięć kwestii. Jest jednak jeszcze jedna – która zawiera się we wszystkich pozostałych. Otóż tęsknię za kościołem, który rozumie, że to właśnie kościół lokalny jest wybraną i najlepszą formą ewangelizacji. Tęsknię za kościołem, w którym chrześcijanie są zakochani w Jezusie do tego stopnia, że gdy wspólnie uwielbiają Boga, stają się obrazem ewangelii. Tęsknię za kościołem, który rozbraja miłością, a nie rozrywką, i żyje w przekonaniu o mocy ewangelii na przekór kulturze. Tęsknię za kościołem, w którym największa radość płynie z dzielenia się wiarą, a bohaterami są ci, którzy ryzykują swoją reputację, aby ewangelizować.

Pragnę żyć w kulturze ewangelizacji pośród braci i sióstr, z którymi idę ramię w ramię w czasie bitwy; uczę innych i jestem uczony, co oznacza dzielenie się wiarą; widzę, jak przywódcy kościoła prowadzą ludzi do Jezusa. Chcę kościoła, w którym można wskazać przemienione życie konkretnych osób, w którym słyszy się świadectwa: „Gdy dwa lata temu po raz pierwszy przyszedłem do tego kościoła, nie znałem Boga, ale teraz już znam!" Chciałbym być częścią takiej kultury ewangelizacji. Założę się, że ty też.

Wspomniałem wcześniej, iż nie uważam, aby programy ewangelizacyjne były najlepszym czy wręcz podstawowym sposobem prowadzenia ewangelizacji. Moim zdaniem najlepsze efekty przynosi kultura ewangelizacji realizowana w obrębie zdrowego kościoła. To szeroki temat. Roli kościoła i sposobom ewangelizowania poświęcony jest następny rozdział.

3

POWIĄZANIE KOŚCIOŁA Z KULTURĄ EWANGELIZACJI

Jak już wspomniałem wcześniej, jeśli jesteś członkiem zdrowego kościoła, w którym obecna jest kultura ewangelizacji, bierzesz udział najlepszej możliwej formie ewangelizowania. W jaki sposób działa to w kościele?

Odłóżmy na bok pragmatyczne obiekcje wobec tej idei; mamy tu do czynienia z pojęciem głęboko duchowym, biblijnym. Jezus powiedział: *Po tym wszyscy poznają, żeście uczniami moimi, jeśli miłość wzajemną mieć będziecie* (J 13:35). Chwilę później, gdy przebywał z uczniami, modlił się, aby byli jedno: *aby świat uwierzył, że Ty mnie posłałeś* (J 17:21b). Jezus stwierdza, że miłość wobec innych w kościele jest świadectwem prawdziwości naszego nawrócenia. A gdy jesteśmy zjednoczeni z kościołem, pokazujemy światu, że Jezus jest Synem Bożym. Miłość potwierdza nasze uczniostwo. Jedność potwierdza boskość Chrystusa. Cóż za potężny świadek!

Jest wiele wersetów biblijnych, które opisują i kształtują nasze wysiłki ewangelizacyjne, ale te są kluczowe, ponieważ pokazują nam, że kościół ma być kulturą ewangelizacji. Powinniśmy ich używać do katechizowania naszych dzieci!

Pytanie: Jakie działania dowodzą szczerości naszego nawrócenia do Chrystusa?
Odpowiedź: Miłość do innych chrześcijan.

Pytanie: W jaki sposób pokazujemy, że Jezus jest Synem Bożym?
Odpowiedź: Poprzez jedność z innymi wierzącymi.

KOŚCIÓŁ LOKALNY TO WIDZIALNA EWANGELIA

Jeżeli mamy zobrazować ewangelię we wzajemnej miłości, musi się to stać w lokalnej społeczności ludzi, którzy zawarli przymierze miłości poprzez bycie kościołem. To nie jest abstrakcyjna miłość, ale miłość do konkretnych ludzi w rzeczywistym świecie. Nie jestem w stanie powiedzieć, ile razy słyszałem od niechrześcijan, dla których kościół był obcym miejscem, że tym, co przyciągnęło ich do wspólnoty, była miłość obecna wśród jej członków.

Jednak obrazem ewangelii jest nie tylko nasza miłość. Czy zastanawiałeś się kiedyś, ile biblijnych nauk Bóg wszył w materiał Kościoła? Nauk, które prawidłowo realizowane służą jako proklamacja ewangelii?

W trakcie budowania zdrowej kultury ewangelizacji nie przeorganizowujemy kościoła pod kątem ewangelizacji. Pozwalamy natomiast, aby te rzeczy, które Bóg już wbudował w Kościół, były nośnikiem ewangelii. Jezus nie zapomniał o ewangelii, gdy budował swój Kościół.

Chrzest na przykład obrazuje śmierć, pochówek i zmartwychwstanie Jezusa. Pokazuje, w jaki sposób Jego śmierć jest naszą śmiercią i Jego życie naszym życiem. Wieczerza Pańska ogłasza śmierć Chrystusa aż do czasu, gdy powróci; pobudza nas do wyznawania grzechów i doświadczania przebaczenia na nowo. Gdy się modlimy, modlimy się prawdami Boga. Śpiewamy o wielkich rzeczach, których Bóg dokonał poprzez ewangelię. Ofiarowujemy pieniądze, aby szerzyć ewangelię. Głoszenie Słowa niesie ewangelię.

Tak naprawdę głoszenie Słowa Bożego jest tym, co głównie kształtuje kościół. A ten, już uformowany, otrzymał zadanie czynienia ludzi uczniami, którzy następnie są posyłani do głoszenia ewangelii i tworzenia nowych kościołów. Ten cykl ma miejsce, odkąd Jezus wstąpił do nieba, i będzie trwał do Jego powrotu.

SEDNO KULTURY EWANGELIZACJI

Niedawno odwiedziłem kościół High Pointe Baptist Church w Austin w stanie Teksas. Pastor Juan poprosił mnie o poprowadzenie seminarium na temat budowania kultury ewangelizacji. Głosiłem, a ludzie zadawali pytania. Nagle ktoś poruszył kwestię z rodzaju tych, które sprawiają, że wszyscy nabierają wody w usta:

– Do dzielnicy, w której znajduje się nasz kościół, wprowadza się wielu Wietnamczyków. Co kościół powinien zrobić, żeby do nich dotrzeć?

Z jednej strony to wspaniałe pytanie. Osoba będąca członkiem kościoła rozpoznała, że ma przywilej i obowiązek głoszenia ewangelii, i dostrzegła okazję, która się nadarzyła. Z drugiej strony sposób, w jaki pytanie zostało postawione, sugeruje, że zaniesienie tym ludziom ewangelii to obowiązek kościoła, a nie osoby, która dostrzegła taką szansę.

Problem w tym, że kultura ewangelizacji jest tworzona oddolnie, a nie odgórnie. W kulturze ewangelizacji ludzie rozumieją, że głównym zadaniem kościoła jest być kościołem. Zobaczyliśmy już, że praktyki kościelne są świadectwem same w sobie. Bez wątpienia kościół wspiera skuteczną ewangelizację i okazje do ewangelizowania oraz modli się w tych sprawach, ale rolą kościoła nie jest prowadzenie programów ewangelizacyjnych. Kościół powinien pielęgnować kulturę ewangelizacji. To *członkowie* są posyłani z kościoła, aby ewangelizować. Może to brzmieć nieco małostkowo, ale jest naprawdę ważne. Jeśli nie rozumiesz tego we właściwy sposób, możesz osłabić kościół albo niesłusznie zezłościć się na jego przywództwo.

Odpowiedziałem na pytanie w High Pointe w następujący sposób:

– Tu nie chodzi o to, aby to kościół stworzył jakiś program w celu nawracania Wietnamczyków, ale raczej abyś ty sama pomyślała, w jaki sposób możesz do nich dotrzeć. Poradziłbym ci poczytać coś na temat kultury wietnamskiej, nauczyć się kilku zwrotów w tym języku, spróbować wietnamskiego jedzenia, dowiedzieć się, z czym się ta grupa szczególnie boryka jako mniejszość kulturowa. Nawiąż relacje i zaproś przyjaciół, których zdobędziesz, do swojego domu, na studium biblijne w małej grupie albo do kościoła. A może nawet niektórzy z was powinni pomyśleć o przeprowadzeniu się w ich pobliże z zamiarem szerzenia ewangelii wśród tej społeczności.

W odpowiedzi zobaczyłem puste spojrzenia. Na twarzy pastora Juana zagościła jednak wyraźna ulga, że nie ustanowiłem jakimś jednym zdaniem samodzielnie programu ewangelizacyjnego, który on musiałby wprowadzić w życie.

Następnie dodałem:

– A gdy przyprowadzisz swojego przyjaciela pochodzącego z tej społeczności, wówczas wszyscy „są w grze", wszyscy ewangelizujecie. Taka właśnie jest kultura ewangelizacji. Nie chodzi tylko o bycie przyjaźnie nastawionym, choć to oczywiście musi mieć miejsce, ale też o posiadanie głębokiej świadomości, że działacie razem. W zdrowym kościele goście widzą ewangelię obecną we wszystkim, co robimy. Dlatego śpiewamy Słowem, modlimy się Słowem, głosimy Słowo. Chcemy, aby ludzie usłyszeli ewangelię podczas nabożeństwa. A kiedy sprawujemy obrzędy i je wyjaśniamy, chcemy, aby znów zobaczyli i usłyszeli ewangelię. Gdy członkowie kościoła żyją ewangelią, ewangelia z nich wypływa.

To zarys kultury ewangelii w działaniu. Wiem, że brzmi nieco radykalnie – a przecież nawet nie zasugerowałem, żeby zapisywali swoje dzieci do szkoły, do której uczęszczają dzieci wietnamskie. Ktoś mógłby mnie oskarżyć, że nie dbam o społeczność wietnamską, ponieważ nie kazałem kościołowi High Pointe zasponsorować jakiegoś programu pomocy społecznej. Będę się jednak upierał przy tezie, że najlepszym sposobem zadbania o tę społeczność – czy jakąkolwiek inną – jest przekazanie jej ewangelii, aby ludzie mogli się nawrócić. Ten cel jest najlepiej realizowany przez świadka ewangelii należącego do kościoła, w którym obecna jest kultura ewangelizacji; przez ludzi, którzy zaprzyjaźnią się z Wietnamczykami, a później podzielą się z nimi ewangelią. Takie podejście ma znacznie większy wpływ niż kościelne programy dystrybucji ubrań, opieka dzienna, chodzenie od drzwi do drzwi, organizowanie karnawałów dziecięcych czy różne inne dobre rzeczy, które robią kościoły.

W pewnym sensie wszystkie kościoły mają taką czy inną kulturę ewangelizacji. Nawet kościoły odrzucające ewangelizację mają kulturę ewangelizacji, choć jest ona niebiblijna. Nie pytajmy zatem, czy mamy kulturę ewangelizacji, ale czy mamy zdrową czy chorą kulturę ewangelizacji.

Chciałbym postawić tezę, wedle której najważniejszą przyczyną tego, że kultura ewangelizacji w danym kościele jest chora, nie jest lęk przed drugim człowiekiem ani też brak właściwej strategii czy metody ewangelizacji – nie ujmując wagi tym kwestiom – ale brak zrozumienia istoty kościoła.

JEDEN LUB DWA STOPNIE RÓŻNICY I JESTEŚ DALEKO OD CELU

Jedną z rzeczy, które sprawiały mi największą radość, gdy kierowałem krótkimi wyprawami misyjnymi dla studentów w Kenii, była możliwość latania wraz z pilotem misyjnym, który pomagał nam w realizacji programu. Pete prowadził samoloty, zanim wynaleziono GPS, gdy piloci wyznaczali kurs za pomocą nosa i kompasu.

Pete zawoził naszych studentów w najbardziej odległe miejsca, w których mieli oni realizować swoje zadania. Czasem w samolocie było więcej miejsca, więc mogłem latać razem z nimi. Gdy zostawiliśmy studenta, stawałem się drugim pilotem. Pete startował, wyrównywał lot, a następnie podawał mi ustawienia kompasu. Pilotowałem samolot poprzez Wielkie Rowy Afrykańskie, ponad obszarem chronionym Masai Mara i obok masywu Kenii, która wznosiła wysoko, gdy zostawialiśmy ją w tyle. Pete'owi sprawiało dużo radości pokazywanie mi widoków, a ja się nimi upajałem. Cóż za radość!

Latanie zasadniczo nie jest trudne. Trudne jest lądowanie, dlatego to była działka Pete'a. Moim zadaniem było utrzymać samolot na odpowiedniej wysokości i nie zboczyć z kierunku wskazanego przez kompas. Od czasu do czasu Pete sprawdzał wskazówkę kompasu i zaczynał się denerwować. Uderzał ręką w szybkę przyrządu i oświadczał szorstkim głosem:

– Zboczyłeś z kursu.

Miałem wrażenie, że jest małostkowy, aż w pewnym momencie powiedział:

– Musisz zrozumieć, Mack, dwa stopnie i dolecimy do innego kraju.

To prawda. Patrząc na mapę lub globus, łatwo można zrozumieć, jak wielkie problemy mogą wyniknąć z niewielkich odstępstw od kursu. Ta sama zasada obowiązuje w kościele.

Korzeniem problemu związanego z pytaniem zadanym mi w kościele High Pointe nie było niezrozumienie, czym jest ewangelizacja, lecz niezrozumienie, czym jest kościół. W zasadzie owa kobieta zboczyła z kursu zaledwie o kilka stopni, ale te kilka stopni zaprowadziło ją w zupełnie inne miejsce. Prawidłowe zrozumienie istoty kościoła pomaga nam właściwie ustawić kompas ewangelizacji. Dlatego najpierw musimy się zastanowić, czym jest kościół i co sprawia, że kościół jest zdrowy.

DEFINIOWANIE KOŚCIOŁA

Powiedzmy, że jesteś w galerii handlowej, podchodzi do ciebie ktoś z kwestionariuszem i długopisem i mówi:

– Proszę, zdefiniuj kościół najlepiej, jak potrafisz.

Czy potrafiłbyś odpowiedzieć? A gdyby następne pytanie brzmiało:

– Jakie są konieczne i wystarczające elementy składające się na kościół?

Czy to pytanie zbiłoby cię z tropu?

Jeśli tak, nie jesteś sam. Mieszkałem z misjonarzami na całym świecie oraz ich odwiedzałem przez całe dziesięciolecia. Wielu z nich zakłada nowe kościoły. To wspaniali, niesamowici ludzie, ale wielokrotnie jestem zdumiony tym, jak niewielu z nich potrafi zdefiniować kościół w biblijny sposób. Wyjaśniają, czym jest kościół, opierając się na własnych uczuciach i strategiach.

Uwielbiam kościoły zakładane w ramach organizacji Acts 29[1]. Chciałbym, aby było ich więcej. Niestety na całym świecie istnieje mnóstwo kościołów, które byłbym raczej skłonny opisać jako kościoły „Księgi Sędziów 22". To kościoły, które robią, co im się podoba (Sdz 21:25). Potrzebujemy tymczasem kościołów głęboko zakorzenionych w Słowie Bożym.

Spotkałem kiedyś misjonarza, który był przywódcą zespołu misyjnego zakładającego kościoły w Rosji. To cudowny brat w Chrystusie, głęboko zaangażowany w dzieło ewangelii. Ma serce sługi, gotowe do poświęceń. Ponadto jest liderem mającym wielki wpływ na ludzi, z którymi pracuje. Byłem bardzo podekscytowany, gdy mi powiedział, że jego najważniejszym powołaniem jest zakładanie kościołów. Ale gdy go zapytałem, czym jest kościół, zdawał się nie wiedzieć, od czego zacząć. Zniecierpliwiony, zapytał:

– Dobra, niech będzie, jak ty definiujesz kościół?

– Cóż – odpowiedziałem – najważniejsze elementy składające się na kościół można podzielić na trzy kategorie: czym jest kościół, co robi kościół, jaka jest misja kościoła.

Okazało się, że nasza rozmowa o kościele potrwała do późnej nocy. Poniżej streszczam, co wtedy powiedziałem.

Chrześcijaństwo nie przewiduje osobnej kategorii dla wierzących, którzy nie są członkami lokalnej społeczności. Kościół nie jest i nigdy nie będzie opcjonalny dla wierzącego[2]. Nawet jednak wiedząc, jak istotną rolę kościół odgrywa w naszym uczniostwie, przeciętny członek kościoła ma oszałamiającą mnogość koncepcji dotyczących istoty kościoła – koncepcji niepochodzących z Biblii.

Z pewnością kościoły mają dużo wolności. Mogą stawiać budynki albo spotykać się w wynajmowanych pomieszczeniach. Uczestnicy nabożeństw siedzą w ławkach albo na podłodze. Kościoły mogą również, zgodnie z autorytetem Słowa Bożego, wdrażać różne strategie, pozwalające realizować biblijne nakazy. Mogą zatem prowadzić służby muzyczne, sponsorować posiłki dla biednych, organizować spotkania modlitewne dla mężczyzn, prowadzić szkoły chrześcijańskie albo grupy domowe.

Jakie są jednak najważniejsze elementy, takie, które są zarówno konieczne, jak i wystarczające? Jeśli dokonamy rozbioru kościoła na czynniki pierwsze, które elementy są nieredukowalne? Dość łatwo to ustalić. Na przykład, jeśli z kościoła zabierzemy szkołę chrześcijańską, to dalej mamy kościół. Zabierzmy jednak regularne głoszenie Słowa Bożego – nie ma kościoła.

Każdy chrześcijanin powinien wiedzieć, co czyni kościół kościołem. A biblijna odpowiedź na to pytanie jest zaskakująco prosta, przynajmniej na papierze.

Czym jest kościół

Kościół lokalny to zgromadzenie ochrzczonych, nowo narodzonych chrześcijan, którzy zobowiązali się w miłości, że będą spotykać się regularnie w autorytecie Pisma Świętego i pod przywództwem starszych, aby wielbić Boga, być widzialnym obrazem ewangelii i ostatecznie oddać chwałę Bogu (J 3:1–8, 13:34–35; Dz 2:41, 14:23; Ef 3:10; Kol 3:16; 2Tm 3:16–17; Hbr 10:24–25).

Co robi kościół

Kościół musi robić zaledwie kilka rzeczy, aby być kościołem: ludzie regularnie gromadzą się w miłości ewangelii, aby słuchać głoszonego Słowa, śpiewać, modlić się, dawać oraz sprawować obrzędy chrztu i Wieczerzy Pańskiej. Członkowie, którzy zostali połączeni w przymierzu, troszczą się o siebie z miłością (1Kor 12:12–26), nawet jeśli oznacza to dyscyplinę kościelną (Mt 18:15–17).

Misja kościoła

Kościół jest strategicznym planem Bożym dla ewangelizacji; ma jedną dalekosiężną misję: iść do wszystkich narodów i czynić ludzi uczniami, nauczać, aby przestrzegali wszystkiego, co nakazał Chrystus – łącznie z tworzeniem nowych kościołów (Mt 28:18–20).

Oto cztery zdania o kościele, które zajmują mniej niż jedną stronę, ale wypełniają całe nasze życie. Ta definicja przekreśla jednak posiadane przez wielu przekonanie o tym, czym jest kościół. To nie budynek ani nawet wspólne zgromadzenie wierzących. Lokalna społeczność wymaga wzajemnego zaangażowania. Kościół nie może świadomie pozwalać, aby jego członkami byli niechrześcijanie. I tylko ci, którzy zostali ochrzczeni, powinni być członkami. Kościół nie jest targowiskiem pomysłów, jak wieść dobre życie, ale wspólnotą poddaną Słowu Bożemu.

ZDROWY KOŚCIÓŁ

Właśnie zdefiniowaliśmy kościół. Przyjrzyjmy się teraz, jak wygląda zdrowy kościół.

Należy zauważyć, że powyższe cechy nie opisują doskonałego kościoła, który nie istnieje po tej stronie nieba. Nie próbujemy też skontrastować prawdziwego kościoła z fałszywym. Chcemy raczej odróżnić prawdziwe kościoły, które są chore, od prawdziwych kościołów, które są zdrowe – i pomóc tym pierwszym wyzdrowieć[3].

Chrześcijanie mogą ignorować podstawy zdrowego kościoła na mnóstwo sposobów:

- Zamiast głosić Słowo Boże, wygłasza się wykłady motywacyjne. Jeśli głoszenie Słowa zamiast do Biblii sprowadza się do podania przepisu na udany dzień, moralne życie albo, co gorsza, życie dostatnie – ludzie nie zrozumieją, kim jest Bóg i w jaki sposób działa.

- Pojęcie nawrócenia może się stać mgliste, niedefiniowalne i subiektywne, co sprawia, że ludzie niebędący chrześcijanami są nauczani, że nimi są. W efekcie niechrześcijanie stają się członkami kościoła. Gdy tak się dzieje, kościół nie może praktykować biblijnej ewangelizacji.

- Członkostwo bywa postrzegane jako kwestia wyboru. Nie mogę jednak kochać ludzi – może poza romantycznym rodzajem teoretycznej miłości – jeśli nie wiem, kim oni są. Muszę się zatem zaangażować w ich życie, tak jak oni w moje.

- Niewierzący otrzymują stanowiska przywódcze w kościele. Chyba nie muszę nic dodawać. Dzieje się to jednak regularnie, szczególnie w kościołach, które nie praktykują członkostwa.

- Nikt nie podejmuje się trudnych zadań. Zbyt często nie okazujemy miłości ludziom, których nie lubimy. Albo nie jesteśmy w stanie wdrażać dyscypliny kościelnej wobec tych, których lubimy.

Każdy z tych punktów może zdawać się błahy, ale jeśli kościół zaczyna działać zgodnie z którymś z nich, nie potrzeba wiele czasu, aby zaczął podążać w kierunku *przeciwnym* do wskazań kompasu. Stawka jest niebywale wysoka, ponieważ czasami ludzie o dobrych intencjach zamieniają się w ślepych przewodników i powielają kościoły „Księgi Sędziów 22". Ponadto, gdy zaniedbuje się fundamenty i kościół popada w chorobę, chwała Boża zostaje ukryta. Oznacza to, że gubi się piękno wspólnoty Chrystusowej jako świadka dla świata.

Musimy poruszyć jeszcze jeden poważny problem, który prowadzi do powstawania chorych kościołów i ma bezpośredni wpływ na kulturę ewangelizacji. Mówię o sytuacjach, w których członkowie kościoła mylą swoje osobiste posłuszeństwo w ewangelizacji z rolą kościoła.

PRIORYTETY OSOBISTE, PRIORYTETY KOŚCIELNE I PUDEŁKA NA BUTY

W zdrowej kulturze ewangelizacji jest rzeczą zrozumiałą, że istnieją różne priorytety dla kościoła i dla poszczególnych osób. Coś, co powinieneś robić w ramach indywidualnej ewangelizacji, nie musi być najlepszą rzeczą dla całego kościoła. Dlatego właśnie tak odpowiedziałem na pytanie o ewangelizację zadane mi w kościele High Pointe.

Podam przykład. Pastor Jacky jest moim przyjacielem, pracuje w chińskojęzycznym kościele w Dubaju. Wykonał niebywałą pracę pośród biednych chińskich robotników w mieście. Pewnego roku, gdy zbliżały się święta Bożego Narodzenia, pewni dobrzy ludzie z Zachodu wpadli na pomysł, aby rozdać robotnikom pudełka na buty. Nie ma w tym nic złego. Rodziny z kościołów w Dubaju zebrały mydło, ściereczki, wodę kolońską, grzebienie i inne przedmioty higieny osobistej wraz z ubraniami i włożyły to wszystko w pudełka na buty. Dołożyły do tego ulotki z informacjami o nabożeństwie w kościele i obwiązały prezenty świątecznymi kokardkami. Znów – wszystko w porządku.

Zwerbowano ludzi, którzy mieli odebrać pudełka od rodzin i – tutaj jest pies pogrzebany – zawieźć je do Jacky'ego. Pamiętam, jak przyjechałem do jego biura i nie byłem w stanie otworzyć drzwi, ponieważ wszędzie były pudełka na buty – od podłogi po sufit.

Odłóżmy na bok pytania o biblijną podstawę docierania do ludzi w taki sposób albo o efektywność takich działań; odłóżmy na bok pytania dotyczące długookresowych skutków takich zabiegów, a nawet tego, co bogaci zachodni chrześcijanie mieli na myśli, rozdając biednym robotnikom przedmioty niezbędne do higieny osobistej. Sedno problemu tkwi w tym, że Jacky nie mógł przygotować się do kazania. Nie mógł spotkać się z ludźmi, którzy chcieli rozmawiać z nim o Jezusie. Nie mógł pełnić swojej służby, czyli dbać o członków kościoła, ponieważ jacyś ludzie nie zrozumieli, że to ich rolą jest docierać do innych, a rolą Jacky'ego jest głosić, prowadzić do Boga i modlić się. Ludzie pomylili *swoją* rolę w kościele z rolą kościoła.

Załóżmy, że służba pudełek na buty wykonała najlepszą możliwą pracę i ludzie rzeczywiście przyszli do tego chińskiego kościoła. Jaki kościół mieli nadzieję zobaczyć? Zdrowy kościół, w którym usłyszeliby obecną w głoszonym Słowie Bożym ewangelię, w którym wierzący odbieraliby naukę i angażowali się w ewangelizację, w którym ewangelia byłaby widoczna w chrzcie, Wieczerzy Pańskiej i innych działaniach? Czy też kościół chory, którego przywódcy poświęcają cały swój czas na dystrybucję pudełek na buty?

Gdyby Jacky ciągle zajmował się rozdawaniem pudełek na buty, a nie wypełnianiem obowiązków koniecznych do kształtowania zdrowego kościoła, jego kościół leżałby odłogiem. Dotyczy to nie tylko Jacky'ego, ale każdego starszego każdego kościoła. Członkowie mogą robić wiele innych rzeczy, ale muszą się wykazać dużą ostrożnością we wspieraniu swoich przywódców, aby kościół mógł iść w dobrym kierunku.

Wierzący w Dubaju mieli szczere i dobre intencje, jednak nie potrafili odróżnić roli kościoła od swojej własnej. Byli przekonani, że kościół powinien służyć tym chińskim robotnikom w taki sam sposób, jak oni chcieli zrobić to osobiście. Działając na podstawie takich przesłanek, przyczynili się do osłabienia kościoła.

Biblijnym przykładem obrazującym tę kwestię jest sytuacja z 6 rozdziału Dziejów Apostolskich. Dowiadujemy się tu o zaniedbywaniu greckich wdów podczas dziennej dystrybucji żywności. Niektórzy podejrzewają, że hebrajskie wdowy dostawały jedzenie, ponieważ posiadały żydowskie kontakty, których nie miały wdowy greckie. Bez względu na przyczyny, sytuacja ta wymagała działania. Dlatego apostołowie poprosili zaangażowanych członków kościoła, aby wyznaczyli siedmiu pobożnych ludzi do zajęcia się tą sprawą.

Wszyscy oni byli Grekami, jak wskazują ich imiona, a to z pewnością eliminowało wszelkie kumoterstwo czy rasizm. Zauważmy jednak, dlaczego apostołowie postanowili zająć się niesprawiedliwością w taki akurat sposób.

Wtedy dwunastu, zwoławszy wszystkich uczniów, rzekło: Nie jest rzeczą słuszną, żebyśmy zaniedbali słowo Boże, a usługiwali przy stołach. Upatrzcie tedy, bracia, spośród siebie siedmiu mężów, cieszących się zaufaniem, pełnych Ducha Świętego i mądrości, a ustanowimy ich, aby się zajęli tą sprawą; my zaś pilnować będziemy modlitwy i służby Słowa (Dz 6:2–4).

Poszczególni członkowie zostali wezwani do samodzielnego rozwiązania problemu, ponieważ pozwalało to chronić podstawowe zadanie przywódców kościoła: służbę Słowa i modlitwy.

Członkowie kościoła muszą zrozumieć priorytety, które chronili apostołowie. Choć ciało kościoła może wykonywać wiele istotnych rzeczy – takich jak karmienie wdów – nic nie powinno zakłócić podstawowego powołania kościoła: głoszenia Słowa. Zarówno członkowie, jak i pastorzy powinni wspólnie chronić to wyjątkowe i najważniejsze powołanie kościoła.

JAK ZDROWA KULTURA EWANGELIZACJI ŁĄCZY SIĘ ZE ZDROWYM KOŚCIOŁEM

Jak zatem funkcjonuje zdrowa kultura ewangelizacji? Poniżej podaję przykład.

Abigail, mama na pełen etat, jechała autobusem z lotniska Dulles do Waszyngtonu. Spędziła dużo czasu w podróży – wracała z pogrzebu w Teksasie. Bardzo już tęskniła do swojej rodziny. Siedziała obok młodej kobiety pochodzenia azjatyckiego. Zamiast jednak pogrążyć się w lekturze książki, zainicjowała rozmowę.

Dziewczyna miała na imię Van. Właśnie przyleciała z Chin, były to jej pierwsze chwile w Ameryce. Abigail potrafiła zawsze rozpoznać Boży palec w działaniu. Chciała dotrzeć do Van z ewangelią, ale wiedziała również, że musi to zrobić z wyczuciem.

Zastanawiała się, jakie wydarzenia wkrótce mają mieć miejsce w jej kościele. Przypomniała sobie, że niedługo odbędzie się ślub dwojga gorliwie wierzących osób. Wiedziała, że ceremonii będzie towarzyszyła prezentacja ewangelii. Kościół zachęca, aby przy takich okazjach przychodzili wszyscy członkowie i przyprowadzali ze sobą przyjaciół. Dlatego Abigail zapytała Van:

– Czy chciałabyś przyjść na chrześcijański ślub?

Van naturalnie skorzystała z szansy. Wymieniły się adresami mailowymi i Abigail zabrała Van do kościoła.

Zauważ, że Abigail wierzyła w zdrową kulturę ewangelizacji. Nie musiała dzwonić do pastora i naciskać, aby wdrożył jakiś program ewangelizacji kościelnej dla Chińczyków. Nie musiała się zastanawiać, czy na ślubie zostanie przedstawiona ewangelia w czytelny i zgodny z prawdą sposób. W kościele, w którym istnieje zdrowa kultura ewangelizacji, wszystkie służby są przesiąknięte ewangelią. Abigail wybrała ślub, ale mogła równie dobrze zaprosić Van na jakiekolwiek inne wydarzenie w swoim kościele.

Na ślubie bez wątpienia poświęcono równie dużo uwagi Oblubieńcowi w niebie co oblubienicy i oblubieńcowi na ziemi. Zarówno młoda para, jak i pastor dzielili się ewangelią. Kiedy zakończyło się nabożeństwo i zaczęło przyjęcie, Abigail zabrała swoje czteroletnie dziecko na plac zabaw, a Van poszła razem z nimi. Zaczęła pytać, co różni ślub chrześcijański od ślubu cywilnego. Abigail, dobrze znająca przesłanie ewangelii, wykorzystała szansę, aby biorąc ślub za punkt wyjścia, opowiedzieć Van całą ewangelię.

Abigail zapytała później Van, czy chciałaby mieć Biblię. Ponieważ kościół ma Biblie dla zagranicznych studentów na stoisku z książkami, obie wróciły do kościoła i Abigail wręczyła Van Biblię w języku mandaryńskim – pierwszą Biblię, jaką Van widziała w swoim życiu. Abigail zaoferowała, że może spotykać się z Van, aby czytać wspólnie Pismo Święte. I tak się stało. Na jedno ze spotkań Abigail zaprosiła nawet kilku członków kościoła mówiących po mandaryńsku, aby podzielili się z Van swoim świadectwem. Van była poruszona i zaczęła zadawać dociekliwe pytania.

Abigail i Van w dalszym ciągu czytały Biblię i rozmawiały o ewangelii. Kilka tygodni później Van wyjechała do szkoły w Bostonie. Ale dla Abigail to nie był koniec. Ma przyjaciółkę w Bostonie, która zgodziła się kontynuować studium biblijne z Van. Ma to miejsce właśnie w tym momencie, gdy piszę te słowa.

Abigail nie czekała, aż kościół coś zrobi. Nawet się nad tym nie zastanawiała. Ufała, że kościół jest kościołem. Oparła się na mocy ewangelii i zaufała, że Duch Święty działa poprzez jej wierną pracę jako ambasadora Chrystusa.

W taki sposób funkcjonuje kultura ewangelizacji w kościele. Nie jest efekciarska, nie stanowi programu. To coś o wiele lepszego.

4

ŚWIADOMI EWANGELIŚCI W KULTURZE EWANGELIZACJI

Kelly, szesnastolatka, przyjechała z ojczystej Brazylii do szkoły średniej w Portland w stanie Oregon, w ramach programu wymiany uczniów. Connie i John, u których Kelly miała mieszkać, to mili, spokojni ludzie, członkowie kościoła skupionego na ewangelii. Kelly była dobrą uczennicą. Pochodziła z rodziny japońsko-brazylijskiej, dlatego dobrze się czuła w wielokulturowym środowisku i nie miała problemów z aklimatyzacją w liceum w Portland.

Connie i John modlili się o Kelly i zabrali ją do kościoła, ale Kelly nie wykazywała zainteresowania chrześcijaństwem. John i Connie zaprzyjaźnili się jednak z Kelly, dlatego gdy wyjechała z powrotem do domu, pozostali w kontakcie. Connie modliła się o Kelly latami – latami, które z pięciu przeciągnęły się w dziesięć, a z dziesięciu w piętnaście.

Niedawno zostałem wraz z Leeann poproszony o wygłoszenie wykładu w Hinson Baptist – kościele, do którego uczęszczają John i Connie. Podczas lunchu po nabożeństwie Connie usiadła obok Leeann:

– Dawno temu – odezwała się Connie – była u nas uczennica z wymiany szkolnej, ma na imię Kelly, a obecnie pracuje jako stewardessa w liniach lotniczych Emirates Airlines. To naprawdę słodka dziewczyna. – Mniejsza o to, że Kelly była w tym momencie dorosłą kobietą. – Mieszka w Dubaju. Czy moglibyście się z nią skontaktować? Jest teraz trochę samotna, ponieważ właśnie zerwała ze swoim chłopakiem.

Leeann naprawdę cieszyła się z możliwości spotkania z Kelly, ale do Dubaju mieliśmy wrócić dopiero za kilka tygodni. Dlatego Connie razem Leeann napisały do Kelly i opowiedziały jej o naszym kościele Redeemer. Za namową Connie Kelly odnalazła zbór i odwiedziła go jeszcze przed powrotem Leeann.

Gdy tylko weszła do środka, powitała ją Hetty z Filipin, która stała przy drzwiach i witała przybyłych. Następnie zamieniła z nią słowo Kanta z Indii, obsługująca stoisko z książkami. Gdy Kelly słuchała, jak pastor Dave głosi ewangelię, jej serce wypełniło dziwne ciepło. Później Hetty i Kanta (które nie wiedziały, że Kelly to nasza znajoma z podróży po USA) zaprosiły ją na lunch. Po powrocie do domu Kelly otworzyła pakiet powitalny, który dostała w kościele, i znalazła tam dwie książki: *The Cross Centered Life* C.J. Mahaneya oraz *Two Ways to Live*, czyli wykład ewangelii autorstwa Philipa Jensena i Tony'ego Payne'a. Natychmiast przeczytała obie. Później Hetty i Kanta zaprosiły ją na studium biblijne w małej grupie, gdzie spotkała się z ciepłym przyjęciem.

Gdy Leeann wróciła do Dubaju, zjadła razem z Kelly lunch. Kelly opowiedziała Leeann o swoim życiu i o tym, jak bardzo podoba jej się kościół.

– Chciałabym zostać członkiem – zadeklarowała. – Czy są jakieś składki, które trzeba płacić?

Leeann uśmiechnęła się i powiedziała:

– Nie, nie ma żadnych składek, ale jest coś bardzo ważnego, co musisz zrozumieć, aby stać się członkiem kościoła. To coś nazywamy ewangelią.

– W takim razie opowiedz mi tę ewangelię – poprosiła Kelly.

Kilka kontynentów, parę kościołów, różne miasta, wiele języków, liczne grupy etniczne, rozliczne osobowości, lata modlitwy, przekaz mówiony i pisany, dwa lunche – jedna ewangelia. Gdy ochrzciłem Kelly w hotelowym basenie, gdzie mają miejsce chrzty naszego kościoła, nie mogłem powstrzymać łez, myśląc o tym, w jaki sposób Bóg zaaranżował to wszystko dla swojej jednej zgubionej córki, Kelly.

Kelly była ostatnią osobą mającą świadomość, w jaki sposób Bóg aranżuje ludzi i zdarzenia, aby przyprowadzić ją do siebie. Teraz jednak to dostrzega. Dołączyła do zespołu witającego osoby wchodzące do kościoła, ponieważ chce docierać do tych, którzy nie znają Boga. Niedawno Kelly spotkała dwie stewardesy z Brazylii, które pierwszy raz przyszły do kościoła. Kto wie, jak Bóg działał w ich życiu, aby przyprowadzić je do tego miejsca? Kto wie, co jeszcze zrobi Bóg?

W kulturze ewangelizacji ludzie kochający Jezusa współdziałają ze sobą jak instrumenty w wielkiej symfonii Bożego dzieła. Nie zawsze wiemy, jak będzie wyglądało następne dzieło – to kompozycja Ducha Świętego. Jeżeli jednak jesteśmy skupieni na Nim i Jego wskazówkach, stajemy się częścią Jego dzieła w życiu innych ludzi.

Zbyt łatwo jest grać, patrząc na ludzi, a nie na dyrygenta. Pamiętaj, Pan jest naszym dyrygentem. W ewangelizacji działaj świadomie: podążaj za prowadzeniem Chrystusa. Jest wiele rzeczy, które mogą nas rozpraszać. Ale w dojrzałej kulturze ewangelizacji ludzie ufają, że Bóg uczyni większe dzieła niż te, które mogą sobie wyobrazić.

RÓŻNE CZŁONKI, TEN SAM CEL

W kulturze ewangelizacji wzywamy wierzących, by kroczyli w wierze i byli otwarci na dzieła Boże i ludzi wokół. Powołanie to wymaga długoterminowej wizji. Ludzie w życiu Kelly ufali, iż Bóg działa przez nich, gdy oni podążają za Chrystusem. Przyjrzyjmy się życiu różnych ludzi, którzy pojawili się w jej historii, i zobaczmy, czego możemy się od nich nauczyć.

Connie nie pozwoliła przyjaźni zaniknąć z biegiem czasu, ale modliła się i czekała na szansę. Szansa nadeszła, chociaż trwało to piętnaście lat. Nie daj się zwieść myśleniu, że ludzie są takimi, jakimi się wydają. Nie wierz temu ani przez chwilę. Przynosimy słowa życia tym, którzy są zdesperowani i umierają, a to, jak wyglądają z zewnątrz, nie ma znaczenia. Dlatego bądź czujny i módl się, osobiście i wspólnotowo.

Kanta i Hetty nie uważały się za ewangelistki, ale nimi były. Były miłymi i myślącymi „zakamuflowanymi" ewangelistkami, których stopy były odziane w buty gotowości do głoszenia ewangelii (Ef 6:15).

Pastor Dave wiernie głosił ewangelię, jak ma to w zwyczaju robić co tydzień. Ludzie w naszej wspólnocie wiedzą, że gdy przyprowadzają do kościoła swoich przyjaciół i członków rodziny, usłyszą oni ewangelię. Dave często głosi z mównicy:

– Tym z was, którzy są tu dziś obecni, a wyznają inne religie, chciałbym powiedzieć, że cieszymy się, iż przyszliście. Chcę was zachęcić, abyście porozmawiali o kazaniu ze mną lub którymś ze starszych albo z tymi, którzy przyprowadzili was do kościoła.

Studium biblijne w małej grupie, na które poszła Kelly, to przyjazne i bezpieczne miejsce, w którym można przyjrzeć się Słowu Bożemu.

Leeann nie zaprzepaściła nadarzającej się okazji. Nie byłoby trudno pomyśleć, że czyjaś piętnastoletnia relacja dawno wygasła i nie jest warta zachodu. Leeann była jednak przygotowana do głoszenia ewangelii, a następnie do zbadania reakcji i zadawania pytań.

Nikt nie prosił Kelly, by zrobiła decydujący krok. Nie zastosowano żadnych technik nacisku. W pewnym momencie, gdy Leeann rozmawiała z Kelly, uzmysłowiła sobie, że ta faktycznie zrozumiała ewangelię i poddała jej swoje życie. Gdybyś jednak zapytał Kelly, kto przyprowadził ją do Jezusa, mogłaby mieć problem z odpowiedzią. Mogłaby wskazać na Ducha Świętego albo na „kilka osób".

W kulturze ewangelizacji celem jest, aby każdy się dzielił wiarą, modlił, a także wykorzystywał szanse, gdy te się nadarzają. Możemy apelować do ludzi, aby przyjmowali wiarę, ale nie ma w Nowym Testamencie instrukcji, w jaki sposób doprowadzić grzesznika do modlitwy. Wierzymy, że to Bóg nakłania ludzi do pokuty. My zaś mamy być wiernymi świadkami – razem.

W jaki sposób możemy stać się częścią takiej właśnie żywej kultury ewangelizacji? W jaki sposób możemy stać się świadomymi ewangelistami żyjącymi w świadomej kulturze ewangelizacji? Jakiego rodzaju platformy powinniśmy zbudować w konkretnych miejscach, abyśmy byli przygotowani do dzielenia się ewangelią? Myślę, że jest ich sześć:

1. Przygotować swoje serca, umysły i nogi.
2. Zrozumieć, na czym polega styl życia ukształtowany przez ewangelię.
3. Uśmiercić przyjmowanie ewangelii za pewnik.
4. Postrzegać ewangelizację jako duchową dyscyplinę.
5. Modlić się.
6. Jeśli to możliwe, przewodzić w ewangelizacji.

1. PRZYGOTOWANIE DO DZIELENIA SIĘ WIARĄ: SERCA, UMYSŁY, NOGI

W mojej pierwszej książce o ewangelizacji, *Speaking of Jesus*, zauważyłem, że istnieją trzy obszary, w których powinniśmy badać samych siebie w kwestii ewangelizacji: Czy jesteśmy zmotywowani? Czy jesteśmy wyposażeni? Czy jesteśmy gotowi? Te trzy pytania pozwalają upewnić się, że nasze serca, umysły i nogi są gotowe do dzielenia się wiarą.

Na przykład ktoś może mieć sporo przyjaciół niechrześcijan i być zmotywowanym do dzielenia się wiarą, ale czuć się nieco niepewnie, jeśli chodzi o znajomość przesłania ewangelii. Z drugiej strony można być zaznajomionym z tajnikami ewangelii, ale nie znać żadnych niechrześcijan. Ktoś może też znać ewangelię i wielu niewierzących, ale mieć przytępioną zdolność widzenia duchowej rzeczywistości wiecznego potępienia, które czeka na jego przyjaciół bez Chrystusa.

Przez lata przebywania z osobami, które znały wzorzec „zmotywowany, wyposażony i gotowy", odkryłem, że istnieją dwa rodzaje ludzi, którzy czują, że dzielenie się wiarą jest dla nich niemożliwe. Pierwsza grupa to ci, którzy unikają rozmowy o swojej wierze, ponieważ się boją. Boją się wielu rzeczy: że nie będą wiedzieli, co powiedzieć, że zostaną odrzuceni, wyjdą na idiotów albo sprawią, że ktoś poczuje się niezręcznie.

Druga kategoria to ci, którzy są odizolowani od niewierzących. Istnieje wiele powodów tej izolacji: być może uciekli w bezpieczną subkulturę chrześcijańską, styl życia niewierzących jest dla nich obrazą albo są, o ironio, zbyt zajęci swoją służbą.

Pytanie o to, czy jesteśmy zmotywowani, wyposażeni i gotowi, pomaga nam rozpoznać, jak wygląda nasze osobiste świadectwo. Są to jednak kryteria pomocne w zdiagnozowaniu także naszej kultury ewangelizacji. Gdy już dokonaliśmy oceny, możemy przyjrzeć się różnym środkom zaradczym.

Zmotywowane serca w kościele

Tak, jak sprawdzamy swoje serca pod kątem osobistej motywacji, tak kościoły powinny sprawdzać swoją motywację wspólnotową. Poniżej przytaczam kilka pytań, które mogą się okazać pomocne w realizacji tego celu:

- Czy nasz kościół pielęgnuje współczucie dla osób, które nie znają Chrystusa?
- Czy nasi członkowie potrzebują zachęty, gdy niechrześcijanie zdają się szczególnie zatwardziali?
- Czy ludzie w naszej społeczności są przekonani, że ewangelia sprawia największą możliwą zmianę na tym świecie w sercach, umysłach i życiu, a także w samej wspólnocie?

Czasami niezbyt inteligentnie motywujemy kościoły, używając tępych narzędzi, takich jak wina. A chcemy przecież, aby członkowie zborów byli motywowani poprzez to, co nauczane jest w Piśmie Świętym, i dostrzegali swoją rolę jako ambasadorów Chrystusa, którzy mediują pomiędzy dwoma wojującymi frakcjami, oferując pokój i pojednanie.

Wyposażone umysły w kościele

Kościoły muszą także wyposażać swoich członków w ewangelię. Muszą wykorzystywać spotkania w celu regularnego ćwiczenia i przerabiania ewangelii – na wszystkich poziomach.

Ewangelia powinna być obecna w naszych piosenkach. Moja synowa Stephanie powiedziała mi, że na zakończenie szkoły śpiewała piosenkę, którą często można usłyszeć na nabożeństwach – *God of This City* (Jesteś Bogiem tego miasta). Połowa jej znajomych z klasy to muzułmanie, którzy bez trudności śpiewali ten utwór z wielkim zapałem. Jeżeli ludzie wyznający inne religie mogą z zaangażowaniem śpiewać jakąś piosenkę na uroczystości zakończenia edukacji w świeckiej szkole, możemy być pewni, że nie ma w niej ewangelii. *God of This City* to miła piosenka – na pewno lepsza niż wiele dzieł kultury pop – ale nie ma w niej ewangelii.

Gdy zastanawiam się nad słowami niektórych piosenek, które śpiewałem w kościele na przestrzeni wielu lat, widzę, że również nie było w nich ewangelii. Dlatego właśnie jestem wdzięczny za to, że lider uwielbienia w moim kościele bardzo starannie dobiera utwory, które skupiają się na przesłaniu krzyża. Chce, aby przez śpiew była głoszona ewangelia.

Ewangelia powinna być również obecna w naszym nauczaniu. Pewien pastor, mój przyjaciel, podszedł do mnie pewnego razu, gdy nauczałem w jego kościele. Opowiedział mi historię o tym, jak kilka miesięcy wcześniej pewien starszy z jego kościoła komplementował jego kazanie i zaznaczył, w jaki sposób przesłanie tego nauczania osobiście go skonfrontowało. Wówczas jednak starszy dodał:

– Martwi mnie tylko to, że nie usłyszałem w tym kazaniu ewangelii.

Następnie mój przyjaciel pastor zwrócił się do mnie:

– Chciałbym zrobić dla ciebie to, co on zrobił dla mnie. Mack, twoje kazanie było wspaniałe. Technicznie bez zarzutu. Zastanawiam się jednak, czy ktoś mógłby się dzisiaj nawrócić pod wpływem twoich słów.

Miał rację i dzisiaj jestem mu wdzięczy za wskazanie mi tego błędu. Czy nasze kazania pomagają ludziom dostrzec ich własny grzech i ofertę odkupienia w Chrystusie?

Są i inne obszary naszego życia wspólnotowego, którym należy się przyjrzeć. Nasze modlitwy wygłaszane publicznie powinny wskazywać, że ewangelia jest źródłem naszej nadziei pośród potrzeb zanoszonych przed tron Pana. Możemy podejść do tego tronu z odwagą, ponieważ Jezus jest naszym wielkim arcykapłanem (Hbr 4:14–16). Możemy włączyć nauczanie ewangelii do naszych szkółek niedzielnych, spotkań w sprawie członkostwa w kościele, a także grup uczniowskich. Możemy zaapelować do członków kościoła, aby nauczyli się podstawowego schematu ewangelii, i pokazać im, w jaki sposób dzielić się świadectwem. Możemy wskazać na książki i broszury wyjaśniające, czym jest ewangelia, publikacje, które wierzący powinni przeczytać – najlepiej z niewierzącymi.

Nie są to trudne rzeczy, ale łatwo o nich zapomnieć. Odpowiednie wyposażenie wspólnoty wymaga, aby ewangelia była obecna we wszystkich aspektach życia kościoła.

Gotowe nogi w kościele

Kościoły mogą sprawdzić, czy są dostępne jako wspólnoty dla niechrześcijan, po prostu pytając, czy zgromadzenia są otwarte na niechrześcijan.

Tutaj potrzebna jest rozwaga. Łatwo jest z kościoła życzliwego stać się kościołem, który rozwadnia ewangelię, aby być „przyjaznym". Niestety wiele zborów popada w tę herezję, gdy głównym celem stają się niewierzący, a nie wierność ewangelii. Najszybszą drogą do herezji i błędu jest ewangelizacja „odpowiadająca na potrzeby". Dobre motywacje, które próbują kształtować kościół pod kątem potrzeb ludzi, a nie chwały Bożej, kończą się śmiercią biblijnych kościołów.

Kościół jest powołany do bycia wspólnotą skupioną na krzyżu, skoncentrowaną na ewangelii, wielbiącą Boga na chwałę Chrystusa. Nie możemy zapomnieć, że celem kościoła jest głoszenie Jezusa jako Chrystusa, a nie zadowolenie osób poszukujących i zapewnienie im komfortu. Stare, skupiające się na poszukujących ruchy i ich nowoczesne odmiany rozumieją to opacznie: kościoły są powołane do koncentrowania się na Bogu, jednostki natomiast mają być wrażliwe na poszukujących.

Czy zatem zachęcamy się wzajemnie do wypatrywania niewierzących, którzy przychodzą na nasze nabożeństwa? Czy jesteśmy gotowi witać się z nimi i pomagać im zrozumieć, o co chodzi w chrześcijańskim nabożeństwie? Czy budujemy przyjaźnie, mając na uwadze ewangelię? Tak łatwo i niebezpiecznie jest zakładać, że każdy w kościele jest chrześcijaninem.

Gotowość polega nie tylko na poruszaniu nogami, aby znaleźć się wśród niewierzących, ale również na sprawdzaniu naszego nastawienia. Mamy tendencję do skreślania ludzi: przyjaciół, o których sądzimy, że nigdy nie będą zainteresowani chrześcijaństwem; kolegów w pracy, którzy wydają się zbyt grzeszni, „poszli za daleko"; członków rodziny, którzy uważają, że mówienie o religii jest zakazane. Gdy zaczynam myśleć w ten sposób, potrzebuję przyjaciół, którzy przypomną mi, że żadne serce nie jest zbyt twarde dla Ducha Świętego.

Dlatego w kulturze ewangelizacji myślimy uważnie o trzech rzeczach: jak motywujemy nasze serca, jak wyposażamy umysły, a także jak wprawiamy w ruch nasze nogi.

2. NASZ EWANGELICZNY ŚWIATOPOGLĄD I CENTRALNE MIEJSCE EWANGELII

Kościoły muszą traktować ewangelię jako sposób życia. Centralne miejsce ewangelii jest kluczowe w kulturze ewangelizacji.

Gdy skromny, świeżo upieczony apostoł Paweł zgromił apostoła seniora, skałę, na której opiera się kościół – Piotra – musiało się to wiązać z dużą dozą rozsądku (Ga 2:11–14). Piotr chodził przecież za Jezusem po Palestynie przez trzy lata. Jak czytamy w 2 rozdziale Dziejów Apostolskich, wygłosił przesłanie o łasce, aby otworzyć drzwi pierwszego kościoła. Zmusił Sanhedryn, ten sam sąd, który zaledwie kilka tygodni wcześniej skazał na śmierć Chrystusa, aby ustąpił wobec jego racji.

Paweł pisze jednak w Liście do Galacjan, że lęk przed człowiekiem spowodował upadek Piotra. Wślizgiwał się z powrotem pod prawo i zapomniał, że łaska Boża została rozciągnięta na wszystkich. Problemem, na pierwszy rzut oka, był stół obiadowy, ale Paweł zobaczył coś dużo głębszego. Działania Piotra były sprzeczne z usprawiedliwieniem wyłącznie przez łaskę. Zapis w Liście do Galacjan jest bardzo pomocny w zrozumieniu łaski Bożej, jaką mamy w Chrystusie. Paweł mówi nawet, że ta „rodzinna sprzeczka" pomiędzy nim a Piotrem uratowała ewangelię (Ga 2:5).

Apostoł Paweł wskazuje, w jaki sposób utrzymać nasze życie w skupieniu na ewangelii. Używa zwrotu: *nie postępują zgodnie z prawdą ewangelii* (Ga 2:14), który otwiera nam zupełnie nową wizję ewangelii. Oto ewangelia jest nie tylko przesłaniem o zbawieniu, ale też sposobem życia.

Odkryłem, że gdy żyjemy ewangelią, dzielenie się nią jest po prostu częścią naszego życia. Życie ewangelią jednak nie jest jednoznaczne z życiem moralnym. To złudzenie – być może właśnie dlatego nawet apostoł Piotr mógł być zdezorientowany. Prowadzenie moralnego życia jest niemożliwe. Życie ewangelią to dar od Boga.

W jaki sposób żyć ewangelią

Powiedzenie, że powinniśmy żyć ewangelią, a wiedza, jak to wygląda w praktyce, to dwie zupełnie różne rzeczy. Na szczęście Biblia daje nam wskazówki. Autorzy Nowego Testamentu często korzystają z jakiegoś motywu ewangelii i ilustrują jego zastosowanie w życiu.

Niektórzy są gotowi twierdzić, że wszystko, co robił apostoł Paweł, jest zastosowaniem ewangelii. To uczciwy sposób rozumienia listów Pawła: głosi on ewangelię, a następnie omawia jej implikacje dla naszego życia. Implikacje nie są samym przesłaniem ewangelii, ale czymś, co z ewangelii wypływa. Na przykład Paweł mówi, że z ewangelią wiąże się wzajemne wybaczanie: *przebaczając sobie nawzajem,* [...] *jak Chrystus odpuścił wam* (Kol 3:13). Nasz sposób życia także jest związany z ewangelią: *Niech życie wasze będzie godne ewangelii Chrystusowej* (Flp 1:27). Nawet nasz sposób sprawowania władzy jest bezpośrednio związany z ewangelią:

> Wiecie, iż książęta narodów nadużywają swej władzy nad nimi, a ich możni rządzą nimi samowolnie. Nie tak ma być między wami; ale ktokolwiek by chciał między wami być wielki, niech będzie sługą waszym. I ktokolwiek by chciał być między wami pierwszy, niech będzie sługą waszym. Podobnie jak Syn Człowieczy nie przyszedł, aby mu służono, lecz aby służył i oddał życie swoje na okup za wielu (Mt 20:25–28).

Dlatego dla chrześcijan to, w jaki sposób wybaczamy, jak żyjemy, jak pracujemy i przewodzimy – wszystko, co związane jest z naszym życiem – powinno być zakorzenione w ewangelii.

Co to ma wspólnego z kulturą ewangelizacji? Cóż, wszystko.

Zrozumienie ewangelii jako sposobu życia oznacza, że zyskujemy pewność co do tego, że nasze życie dopasowuje się do ewangelii we wszystkich swoich aspektach. To pomaga ewangelii wypływać z naszego życia bez względu na to, czy przebywamy wśród wierzących czy niewierzących. Jeśli prowadzimy życie skupione na ewangelii, sami dostrzeżemy, że dzielimy się ewangelią. Jeśli nasze wspólnoty wiedzą, jak stosować ewangelię w całym życiu, w konsekwencji eksplodują ewangelizacją.

3. UŚMIERCENIE NASZYCH ZAŁOŻEŃ

Branie ewangelii za pewnik jest śmiertelne. Mówię to w sposób tak wyraźny i bezceremonialny, jak tylko potrafię. Gdy bierzemy ewangelię za coś oczywistego, zaczynamy myśleć, że każdy, kto pojawia się w kościele, to chrześcijanin. Bez względu na to, jak nieprawdopodobnie to brzmi, wielu ludzi w kościołach zachowuje się tak, jakby to była prawda.

Jedna zła przesłanka prowadzi do następnej: nie ma potrzeby, aby dzielić się ewangelią, nauczać jej ani głosić. Z biegiem czasu rośnie zamieszanie wokół ewangelii: zewnętrzne działania bierze się za szczerą wiarę chrześcijańską. Moralność zaczyna być wartością oczekiwaną, a nie odpowiedzią miłości. Krzyż zaczyna być zaledwie przykładem, a nie miejscem, w którym Boża miłość i gniew spotykają się w wyjątkowy sposób. W końcu ewangelia zostaje całkowicie zagubiona.

To karykatura wspólnoty chrześcijańskiej. Właśnie dlatego Paweł pouczał Tymoteusza, aby chronił ewangelię i przekazywał ją z największą pieczołowitością. Wiedział, że ewangelia może zostać zgubiona.

Nie pozwól, aby twoje założenia zniszczyły świadczenie wspólnotowe – uśmierć je teraz. Jeśli jesteś znudzony ewangelią, musisz głębiej przyjrzeć się grzechowi w swoim sercu. A jeszcze poważniej, jeśli ewangelia nie porusza twojego serca, sprawdź, czy rzeczywiście jesteś osobą nawróconą.

Andrei przyszedł do naszego kościoła, będąc studentem drugiego roku na uniwersytecie. Kuszące było włączenie go do grupy liderów, ponieważ miał olbrzymie doświadczenie w służbie. Poprzednio był liderem grupy młodzieżowej i dzieci go uwielbiały. Miał talent do gry na gitarze. Był uroczy, przystojny i przemiły. Jako syn pastora znał dobrze cały chrześcijański żargon i umiejętnie posługiwał się wersetami biblijnymi.

Cóż, umiejętnie się posługiwał do czasu, gdy zaczęliśmy dogłębne studium biblijne. Studiowaliśmy Ewangelię Marka. Andrei był znudzony. Znał wszystkie historie o Jezusie, a każda sesja wydawała mu się monotonna. Zaczął jednak odczuwać niepokój i brak komfortu – Duch Święty działał. Podczas czytania 8 rozdziału Ewangelii Marka, gdy wspominaliśmy, jak Jezus uzdrowił niewidomego drugim dotykiem, Andrei nagle zrozumiał, że choć przebywał w bliskości Jezusa przez wiele lat, nie mógł go „zobaczyć". Tak, jak niewidomy początkowo widział ludzi *jak drzewa* (Mk 8:24) i potrzebował drugiego dotyku, Andrei, który spędził tyle czasu we wspólnocie chrześcijańskiej, nie był prawdziwym naśladowcą Chrystusa.

Andrei pokutował z grzechu, który jest najgorszym i najbardziej zatwardzającym serce grzechem, grzechem najtrudniejszym do wykorzenienia, grzechem najmocniej potępionym przez Jezusa: to grzech duchowej pychy i religijnej arogancji. Andrei się nawrócił i był to jeden z największych cudów, jakie widziałem, ponieważ prowadzone przez niego wcześniej życie wydawało się tak bliskie życiu chrześcijańskiemu. Gdy jednak Andrei całkowicie zaufał Jezusowi, zmiana była widoczna gołym okiem. Miał klarowny obraz ewangelii. Tam, gdzie wcześniej był tylko napędzany, teraz był radosny. Andrei w bardzo jasny sposób umie opowiedzieć, co się mu przytrafiło.

Pomyślmy jednak, co by się stało, gdyby wspólnota po prostu brała ewangelię za pewnik. Andrei dostałby miejsce w przywództwie. Ludzie w jego otoczeniu po prostu zakładaliby, że jest chrześcijaninem. Jako niechrześcijanin nauczałby dzieci w kościele i studentów we wspólnocie. Co gorsza, Andrei byłby zgubiony w swoim grzechu, nawet jeśli jego wspólnota potwierdzałaby jego wiarę.

Zawsze będą w naszej wspólnocie ludzie, którzy wyglądają na wierzących, dlatego właśnie jest tak ważne, abyśmy nie przestawali dzielić się ewangelią. To oni mają tendencję do narzekania, jak monotonne i nudne jest mówienie o ewangelii.

Kiedyś takie głosy narzekania kusiły mnie, aby ożywić spotkania kościelne. Ale teraz, gdy ktoś mówi mi, że ewangelia jest nudna albo że powinniśmy postawić na bardziej adekwatne nauczanie, odbieram to jako sygnał ostrzegawczy i muszę się dowiedzieć, co ten ktoś ma na myśli. Wielu ludzi udaje wierzących. Wielu też jest utrzymywanych w fałszywym przekonaniu, że są chrześcijanami, ponieważ tak zostali wychowani, ponieważ są zaangażowani w kościele, ponieważ żyją zgodnie z właściwymi standardami moralnymi. Mając tę świadomość, nie jestem już kuszony, aby się dostosowywać.

Znowu będę bezceremonialny: przestań zakładać, że każdy, kto przychodzi na spotkania kościoła, jest chrześcijaninem. Załóż, że są tam obecni niechrześcijanie.

Niedawno przemawiałem w kaplicy Southern Baptist Theological Seminary. To seminarium duchowne głęboko zaangażowane ewangelicznie. Naprawdę podziwiam zarówno jego zarząd, jak i kadrę. Mam nadzieję, że studenci, którzy uczęszczają tam na zajęcia, są całym sercem oddani służbie. W swoim wykładzie chciałem jednak wyraźnie przedstawić ewangelię, nie tylko jako model dla tych, którzy pewnego dnia będą pastorami, ale też dla wszystkich gości, którzy akurat tam się znaleźli. Szczerze mówiąc, żyję zbyt długo i widziałem zbyt wiele osób w służbie, które albo odpadły od wiary, albo się nawróciły – aby myśleć, że nie ma w jej szeregach symulantów: seminarzystów, którzy naprawdę nie znają Chrystusa.

A co z dziećmi? Wiele dzieci modli się modlitwą grzesznika, mając pięć lat, ale jakże często te same dzieci nawracają się, gdy zaczynają studia. Płakałem z wieloma rodzicami, których dorosłe dzieci odeszły od wiary, chociaż w okresie dorastania zachowywały się jak chrześcijanie. Przez cały czas opowiadaj swoim dzieciom ewangelię, zarówno w domu, jak i w kościele.

Wcześniej zaznaczyliśmy, że ewangelia musi być widoczna we wszystkim, co robimy jako wspólnota kościelna, tak aby członkowie zostali wyposażeni w narzędzia do dzielenia się nią. Musi być jednak również obecna we wszystkim, co robimy, tak aby niewierzący mogli uwierzyć w Chrystusa.

Dlatego śpiewamy ewangelię. Zwracamy szczególną uwagę na słowa, aby mieć pewność, że głoszą prawdę o Jezusie. Znam kobietę z naszego kościoła, która nawróciła się, śpiewając pieśń o odkupieńczym dziele Chrystusa.

Modlimy się ewangelią. Nawet gdy modlimy się przed posiłkami, wyrażając wdzięczność za pokarm, możemy podkreślić, że jeszcze bardziej wdzięczni jesteśmy za pokarm, który przychodzi do naszych dusz z ewangelią.

Głosimy ewangelię. Wspomnieliśmy już, że kazania muszą nieść ewangelię, a my powinniśmy weryfikować, czy ktoś mógłby się nawrócić przez słuchanie naszych kazań, czy ludzie czują się zachęceni do rozmowy o kazaniu po zakończonym nabożeństwie. Byłem kiedyś na spotkaniu rodzinnym, podczas którego ojciec powiedział:

– Uwaga, chcę usłyszeć jedną rzecz, która była dla was budująca w dzisiejszym kazaniu.

Potrzebujemy więcej takich rozmów.

Patrz na ewangelię w trakcie studiowania Biblii. Znajduje się ona w tekście. Ufaj Jezusowi, gdy mówi, że całe Pismo wskazuje na Niego (Łk 24:27). Nigdy nie zakładaj, że wszyscy znają Dobrą Nowinę o Jezusie Chrystusie. Zbyt wielu ludzi wchodzi do kościoła i wychodzi z niego, nie usłyszawszy ewangelii. Nie pozwólmy sobie na takie ryzyko.

4. EWANGELIZACJA JAKO DYSCYPLINA

Dyscypliny duchowe, takie jak modlitwa, studium biblijne, spotkania kościoła, są środkami łaski w naszym życiu. Chrześcijanie, którzy uczą się tych praktyk wcześnie w swoim chodzeniu za Chrystusem, rosną w wierze. Bóg używa dyscyplin duchowych dla dobra naszego duchowego zdrowia. Gdy je praktykujemy, rozwijamy się. Gdy ich nie praktykujemy, zaniedbujemy swoje chrześcijańskie życie.

Czy jednak myślałeś kiedykolwiek o ewangelizacji jako duchowej dyscyplinie?

Don Whitney napisał wspaniałą książkę o dyscyplinach duchowych. Powiedział mi, że z tego, co wie, to jedyna książka, która stawia tezę, iż ewangelizacja powinna być traktowana jako jedna z nich. Czytamy w niej:

> Ewangelizacja jest naturalnym skutkiem życia chrześcijańskiego. Powinniśmy wszyscy być w stanie mówić o tym, co Pan zrobił dla nas i co On dla nas oznacza. Ewangelizacja jednak jest także *dyscypliną* w tym sensie, że musimy dyscyplinować się do szukania kontekstu ewangelizacyjnego – nie wolno nam wyłącznie czekać, aż nadarzy się jakaś okazja do ewangelizowania.

> Jezus powiedział: *Tak niechaj świeci wasza światłość przed ludźmi, aby widzieli wasze dobre uczynki i chwalili Ojca waszego, który jest w niebie* (Mt 5:16). *Niechaj świeci wasza światłość przed ludźmi* oznacza więcej niż po prostu „nie róbcie nic, co mogłoby powstrzymać wasze światło przed świeceniem". Pomyślcie o tym w ten sposób: „Niech w waszym życiu świeci

światło dobrych uczynków, niech promieniuje dowód zmiany w życiu oddającej Bogu cześć. Niech się zacznie! Zróbcie miejsce!"[1].

Później Whitney pisze: „Jeżeli nie dyscyplinujemy się w ewangelizacji, łatwo jest znaleźć sobie wymówkę, aby w ogóle z nikim nie dzielić się ewangelią"[2]. Whitney wierzy, że w dyscyplinowaniu się do ewangelizacji chodzi o jej planowanie – o to, aby chrześcijanie zwyczajnie umieścili ją w swoich kalendarzach.

Bóg używa takiej dyscypliny. Być może nie za pierwszym razem, gdy nadarzy się okazja do świadczenia, ale z czasem, gdy będziemy trwać w dyscyplinie, nadejdzie dzień, w którym doświadczymy ekscytującej rozmowy z niewierzącym o Jezusie, o Jego mocy zbawczej i o tym, co możemy zrobić dla innych, którzy naprawdę pragną Go poznać i doświadczyć Jego wybaczenia.

5. MIEJSCE MODLITWY

Uwielbiam cytat przypisywany Charlesowi H. Spurgeonowi: „Panie, zbaw wybranych i wybierz kolejnych!" Cenię zarówno tę modlitwę, jak i nastawienie. Nie wiemy, kogo Bóg powołuje do siebie. Modlenie się za innych, aby zostali zbawieni, pomaga nam o tym pamiętać.

Modliłem się o moją siostrę Lindę dwadzieścia lat i prawie się poddałem. Ale Bóg w swoim miłosierdziu przyciągnął ją do siebie. To daje mi nadzieję, że inni członkowie mojej rodziny i przyjaciele, za których się modlę tyle lat, ciągle mogą się nawrócić.

Modlę się regularnie: „Panie, nie pozwól, aby minął rok, w którym nie zostanę zaangażowany w czyjeś nawrócenie". Bóg jest wierny tej modlitwie. Jeśli Pan da mi więcej lat na ziemi, to gdy pójdę do nieba, spotkam tam może pięćdziesiąt albo sześćdziesiąt osób, do których nawrócenia się bezpośrednio przyczyniłem. Cóż to będzie za radość!

Niech twoja regularna modlitwa o nawrócenie tych, którzy nie znają Chrystusa, stanie się dyscypliną. Módl się na nabożeństwach, w małych grupach, na domowych spotkaniach biblijnych, podczas uroczystości – niech to będzie częścią twojego życia religijnego. Mam przyjaciela, który mówi, że próbuje modlić się jak purytanie – modlitwami, przy których „Bóg zarumieniłby się, gdyby miał nie odpowiedzieć". Niech ludzie dookoła ciebie wiedzą, że zbawienie zgubionych jest w twoim sercu przed Bogiem.

6. DUCHOWE PRZYWÓDZTWO

Jednym z kluczowych elementów kultury ewangelizacji jest przywództwo kościoła albo wspólnoty. Jeśli ważne jest, aby członkowie kościoła żyli ewangelizacją, podwójnie ważne jest, aby starsi zboru i pastorzy prowadzili wspólnotę poprzez nauczanie i modelowanie ewangelizacji.

Dave, mój pastor, mieszka w wysokim apartamentowcu obok centrum handlowego. Zna ochroniarzy i personel budynku po imieniu. Zna wszystkie kasjerki w sklepie spożywczym i wszystkich kelnerów w restauracji Tex-Mex (jego ulubionej). Chodzi często do fryzjera, więc i z nim ma dobry kontakt.

Dave jest naprawdę przyjacielskim człowiekiem, ale to nie zwykła przyjaźń motywuje go do utrzymywania tych znajomości. Jest prowadzony troską o tych ludzi i pragnieniem, aby rozmawiać z nimi o ewangelii. Regularnie przedstawia mnie swoim sąsiadom, którzy przychodzą z nim do kościoła i słuchają, jak naucza. Później razem rozmawiamy z nimi o ewangelii. Zawsze czuję się zachęcony po spotkaniach, w trakcie których mogłem dzielić się swoją wiarą.

Poza nauczaniem i modelowaniem, jedną z najważniejszych rzeczy, które mogą robić przywódcy, jest po prostu rozmawianie o ewangelizacji. Jeśli jesteś pastorem, w trakcie spotkań z pracownikami i starszymi kościoła poruszaj temat swoich wysiłków w dzieleniu się wiarą. Znajdź sposoby, aby modlić się o ewangelizację i zachęcać do niej także na innych spotkaniach przywódców kościoła.

Prowadziłem kiedyś seminarium dotyczące ewangelizacji w kościele. Pastor zapytał mnie, co uważam za najbardziej pomocne w szkoleniu ludzi. Odpowiedziałem:

– Po prostu mówienie o ewangelizacji.

Spojrzał na mnie zdziwiony.

– Tak – powiedziałem. – Właśnie to mam na myśli. Nie chodzi nawet o to, co mówię, ale o to, że w ogóle to robię. Pokazuję w ten sposób, że poświęciłem czas na myślenie o ewangelizacji. Ludzie wykrawają pół dnia, modlą się o niewierzących przyjaciół i myślą o tym, co powinni zrobić, żeby ewangelizować. To dużo bardziej pomocne niż którykolwiek z punktów mojego wykładu. Sam fakt, że ty, jako przywódca w tym kościele, zorganizowałeś na ten temat seminarium, w jakiś sposób jest najważniejszym komunikatem skierowanym do kościoła.

Pastor Pete regularnie oddaje głos ludziom w swoim kościele, którzy dzielą się doświadczeniami ewangelizacyjnymi z poprzedniego tygodnia. Gdy członkowie wspólnoty uświadomili sobie, że będzie to mieć cykliczny, cotygodniowy charakter, nie tylko zaczęli przychodzić na spotkania gotowi, aby się dzielić tym, w jaki sposób Bóg się nimi posłużył, ale także stali się bardziej otwarci na szukanie szans, które się pojawiają w ciągu tygodnia. To prosty sposób na to, aby ewangelizacja pozostawała priorytetem.

Jeśli ewangelizacja ma być priorytetem w naszych kościołach, musimy nieustannie do niej zachęcać i bez przerwy szkolić wierzących. Przywództwo wspólnoty musi być oddane ewangelizacji podobnie jak przywołani tu pastorzy.

W tym rozdziale przyglądaliśmy się ważnym zagadnieniom związanym z dzieleniem się wiarą. Są one kluczowe. Ale celem nie jest bycie przygotowanym – celem jest znalezienie się w sytuacjach, w których możemy podczas rozmów z innymi wypowiadać słowa życia. Pomysły dotyczące prowadzenia takich rozmów są przedmiotem następnego rozdziału.

5

JAK EWANGELIZOWAĆ

Byłem już kilka lat po ślubie, gdy kupiłem książkę o małżeństwie. Powinienem był ją przeczytać dużo wcześniej, a najlepiej przed wstąpieniem w związek małżeński. Gdy otworzyłem ją po raz pierwszy, przeczytałem spis treści i od razu otworzyłem na rozdziale, który mnie najbardziej zainteresował.

Rozdział ten zaczynał się mniej więcej w taki sposób: „Prawdopodobnie wielu z was natychmiast przeszło do tego rozdziału, nie czytając poprzednich, ale chcę cię zachęcić do przeczytania tej książki od początku". Miał mnie.

Skąd autor wiedział, że od razu otworzę książkę na tym rozdziale? Był to rozdział o seksie.

Bez wątpienia tamten rozdział o seksie ma większą siłę przyciągania niż ten o dzieleniu się wiarą, który teraz czytasz, ale podejrzewam, że wielu z was zechce zacząć lekturę tej książki właśnie w tym miejscu. Cóż, jeśli jesteś jedną z tych osób, wcale nie będę cię namawiał do przeczytania wcześniejszych rozdziałów.

Cieszę się, że chcesz od razu przejść do czynów. Wierzę, że potrafisz zdefiniować ewangelizację, ewangelię, biblijne nawrócenie. Odrzuciłeś programową i pragmatyczną ewangelizację, a czujesz nieodparte wezwanie do tworzenia kultury ewangelizacji. Widzisz kościół jako Boży plan ewangelizacji, a rozwijanie kultury ewangelizacji w kontekście kościoła jest najlepszą rzeczą, jaką możemy zrobić dla głoszenia ewangelii. Wierzę, że przygotowałeś się do tego, aby być świadomym ewangelistą, ponieważ postrzegasz ewangelię jako sposób życia, nigdy nie bierzesz ewangelii za pewnik, traktujesz ewangelizację jako duchową dyscyplinę, a także jesteś zaangażowany w modlitwę za przyjaciół, którzy nie znają Jezusa. Jeśli zaś należysz do liderów kościoła, przewodzisz w ewangelizacji poprzez jej nauczanie i praktykowanie.

Cudownie. Oczywiście, jeśli któreś z powyższych pojęć jest dla ciebie nowe albo brzmi nieco niejasno, możesz zacząć tę książkę od początku. Niezależnie od tego wszystkiego, dotarliśmy do miejsca, w którym rozważymy, jak mówić o Jezusie.

MÓWIĆ JAK AMBASADOR

Nie ma dla mnie lepszej instrukcji mówienia o Jezusie niż słowa o poselstwie, które apostoł Paweł zamieścił w 2 Liście do Koryntian 5:20–21:

> Dlatego w miejsce Chrystusa poselstwo sprawujemy, jak gdyby przez nas Bóg upominał; w miejsce Chrystusa prosimy: Pojednajcie się z Bogiem. On tego, który nie znał grzechu, za nas grzechem uczynił, abyśmy w nim stali się sprawiedliwością Bożą.

Paweł nawołuje, abyśmy pamiętali, jaka moc stoi za naszym przesłaniem – sam Chrystus. Dowiadujemy się o wielkiej odpowiedzialności, jaka towarzyszy przedstawicielom Boga. Jesteśmy ambasadorami Chrystusa. Jesteśmy powołani, aby inaczej postrzegać ludzi – porzucić ludzkie i światowe spojrzenie, poznać i pokochać innych, rozumiejąc, że są zgubionymi grzesznikami, którzy potrzebują pojednania z Bogiem.

Musimy dobrze zrozumieć to przesłanie. Ambasadorowie nie mają prawa zmieniać powierzonego im przesłania; ich zadaniem jest precyzyjne przekazanie go dalej. Podobnie my nie możemy nic dodawać do przesłania Chrystusa ani nic z niego odejmować. Mamy je przekazać dokładnie, aby grzesznicy zostali pojednani ze świętym Bogiem, Stwórcą świata, tym, który posiada nas i wszystkich dookoła nas. Mimo że nasz grzech jest dla Niego złem, przygotował On drogę zbawienia. Tego, który nie znał grzechu, uczynił grzechem – Jezus wziął na siebie nasz grzech i otrzymał na krzyżu sprawiedliwą karę należną nam. Stało się tak, abyśmy w Jezusie mogli stać się sprawiedliwością Bożą. Możemy zostać przywróceni do właściwej relacji z Bogiem, po prostu wierząc Chrystusowi, pokutując z grzechu i zwracając się do Niego w wierze. Oto przesłanie, które zostało nam powierzone.

Musimy przekazywać to przesłanie bez względu na dyskomfort, jaki się z tym wiąże, wymagany wysiłek i wstyd, który trzeba znieść. Ambasadorowie istnieją po to, aby przekazywać wiadomości. Dlatego krzyczymy: „Pojednajcie się z Bogiem". Możemy nie czuć się jak przedstawiciele Królestwa Bożego, ale nimi jesteśmy. Tak jesteśmy postrzegani w duchowym Królestwie i jest to zdumiewająca prawda.

Oczywiście możemy być dobrymi lub złymi ambasadorami. Jeśli czytasz tę książkę, to zakładam, że chcesz właściwie wypełnić to zadanie. Zastanówmy się więc, w jaki sposób możemy robić lepiej to, do czego zostaliśmy powołani.

AMBASADOROWIE I ICH POSTAWA – JAK BYĆ ŚWIADOMYM ROZMÓWCĄ

Poniżej przytaczam list, który otrzymałem. Dotknął on mojego serca. Gdy będziesz go czytać, pomyśl, jak można na niego odpowiedzieć.

Drogi Macku,

modlę się już jakiś czas o Candice – o szansę głoszenia jej ewangelii. Zarysuję tło: Candice została wychowana w rodzinie katolickiej, ale obecnie nie uczęszcza do żadnego kościoła. Prowadzi homoseksualny tryb życia w rodzinie z czwórką dzieci. To ona w zasadzie opiekuje się dziećmi, choć biologicznie to dzieci jej partnerki. Mama Candice choruje na raka i mieszka półtora tysiąca kilometrów od niej. Znam Candice od dwudziestu pięciu lat i od dwóch lat dla niej pracuję. Wie, że traktuję moją wiarę poważnie, i zasadniczo mogę powiedzieć, że darzy mnie sporym szacunkiem. Oferowałam jej swoją modlitwę, co przyjęła z wdzięcznością, a nawet wspierała mnie finansowo, gdy wyjeżdżałam na krótkie misje.

Pewnego dnia, gdy wspomniała mi o odwiedzeniu swojej mamy, wybuchła płaczem. Nigdy wcześniej nie widziałam, żeby płakała. Gdy tak przy niej siedziałam, próbowałam przywołać na myśl ewangelię, aby powiedzieć coś, co odnosiłoby się do wieczności i nie brzmiało jak brak współczucia. W końcu jednak niczego takiego nie powiedziałam. Zaledwie postarałam się, aby czuła się swobodnie w moim towarzystwie i nie bała się przy mnie płakać. Chciałam jej też pokazać, że mam dużo empatii dla niej w tej sytuacji. Myślę, że mogłam zrobić coś więcej.

Gdy później o tym myślałam, żałowałam, że nie powiedziałam czegoś w stylu: „Ból, który obecnie czujesz, jest normalny w tym zepsutym przez grzech świecie. Ten świat jest zepsuty, ale nie będzie już taki, gdy Bóg pogodzi wszystkie rzeczy ze sobą". Myślę, że powstrzymałam się od powiedzenia tego, ponieważ nie chciałam, aby zakładała, jak większość ludzi, że nie musi robić nic, aby zostać włączona w Boży plan pojednania. Czy mimo to powinnam to powiedzieć? A może powinnam powiedzieć coś innego?

Kim

To trudne pytania w świecie lubiącym konkrety. Odpowiedziałem w następujący sposób:

Droga Kim,

przede wszystkim uważam, że wartością samą w sobie jest pozwolić komuś czuć się na tyle bezpiecznie, że może płakać w twojej obecności. Wiem jednak, jak się czujesz – to poczucie, że mamy do zaoferowania niezwykle cenną moc pocieszenia, która pośród bólu serca, jeśli tylko pokonalibyśmy wszystkie przeszkody stojące na drodze, aby serce przyjęło Chrystusa, daje świadomość, że ludzie mogą poznać tego, który pewnego dnia otrze z serca każdą łzę. A co pogarsza sprawę, wiemy, jak blisko są prawdy – „To jest w sercu, a ja jestem obok ciebie" – ale oni po prostu nie mogą tego zobaczyć.

Lecz przejdźmy teraz do Candice. Może Bóg poprzez twoje świadczenie pokonuje wszystkie bariery, jakie jej serce stawia Chrystusowi. Naturalnie nie jestem pewien, jakiego rodzaju pracę wykonuje Duch Święty, może się jednak okazać, że twoje pocieszenie było najlepszą rzeczą, jaką mogłaś zrobić w tamtej chwili, w łańcuszku wielu innych dobrych rzeczy, które Candice widzi w tobie.

To, co należałoby zrobić teraz, jak mi się wydaje, to przeprowadzić z nią kolejną rozmowę. Czy byłoby możliwe, żebyś zaprosiła Candice na rozmowę przy kawie? Powiedziałbym coś w stylu: „Candice, chciałabym porozmawiać z tobą o duchowych rzeczach przy kawie; czy nie będzie to dla ciebie problemem?" Gdy zapewniamy ludzi, iż jesteśmy świadomi, że rozmowa o wierze może być dla nich trudna, stają się bardziej otwarci. Wiem to z doświadczenia.

Przy kawie lub posiłku powiedziałbym to, co powiedziałaś ty (bardzo mi się podoba sposób, w jaki to ujęłaś: „Ból, który obecnie czujesz, jest normalny w tym zepsutym przez grzech świecie"). Z pewnością zachęcałbym cię, abyś to powiedziała, a następnie znów poprosiła o pozwolenie, by powiedzieć, w jaki sposób Bóg jedna zepsuty świat ze sobą: „Candice, czy mogłabym ci powiedzieć, w jaki sposób kochający Bóg działa w tym zepsutym świecie?" A następnie: „Candice, twoje łzy naprawdę mnie poruszyły, a kiedy o tym myślę, nie jestem w stanie wskazać niczego, co byłoby w tej sytuacji ważniejsze niż przesłanie o Chrystusie". Albo: „Wiem, że religia może dzielić ludzi, ale przez dwa tysiące lat ludzie znajdowali w przesłaniu o Jezusie klucz do zrozumienia życia i śmierci – i chciałabym ci o nim opowiedzieć". Albo: „Candice, wiesz, że wierzę w Boga na krzyżu, to znaczy Boga, który utożsamił się z naszą śmiercią. A to ma tak ogromne znaczenie dla twojej sytuacji, że chciałabym ci opowiedzieć o przesłaniu Jezusa dla ciebie" – coś w tym stylu albo może połączenie tego wszystkiego. Na pewno wiesz lepiej, co powiedzieć w kontekście swojej relacji z Candice, ale celem jest uczciwe przedstawienie ewangelii, która ma wartość wieczną i pomoże jej dokonać najważniejszego: pokutować z grzechu i odpowiedzieć na wiarę.

W pewnym sensie bardziej nawet zatroszczyłbym się o to, aby jej matka usłyszała prostą i prawdziwą prezentację ewangelii, jeśli nie poznała jej do tej pory, ale wychodzę nieco poza to, czego dowiedziałem się od ciebie. Przy okazji, gorąco polecam ci przeczytanie książki *Is God Anti-Gay?* Sama Allberry'ego.

Twój brat,
Mack

Ta wymiana listów odsłania pewne podstawowe zasady, którymi się kieruję, rozmawiając z ludźmi o wierze. Oto one:

- Bądź dla siebie wyrozumiały, gdy dzielisz się wiarą. Zauważyłem, że często boję się ewangelizować, ponieważ mogę zrobić to źle – i to na wiele sposobów. Mogę przekręcić przesłanie. Mogę milczeć, gdy trzeba mówić. Mogę powiedzieć rzeczy, o których później myślę, że były głupie. Ale dobrze jest sobie przypominać, że nawet nasze błędy mogą pomóc nam stać się lepszymi ambasadorami.

- Wychodź ludziom naprzeciw tam, gdzie są.
- Szukaj otwartych drzwi. Kultura ewangelizacji jest naprawdę pomocna w tym przypadku. Gdy członkowie kościoła mówią sobie o otwartych drzwiach, które dostrzegają, inni zauważają okazje do zaangażowania się.
- Bądź współczujący i pielęgnuj w sobie serce troskliwe dla innych. Pamiętaj, że jesteś grzesznikiem. Pokora wyraża ewangelię.
- Pamiętaj, że mamy odpowiedź na najważniejsze pytania w życiu. Właśnie to oferujesz. Gdy prawdziwość życia przebija powierzchowne bariery, które trzymają ludzi z dala od Boga, możesz świecić światłem ewangelii. Nie ukrywaj jej pod koszem.
- Skup się na tym, że ludzie są oddzieleni od Boga, a nie na moralnym życiu.
- Bądź świadomym rozmówcą. Planuj, co chcesz przekazać. Dzięki temu powiesz o rzeczach potrzebnych, a nie powiesz tych, które są przykre lub obraźliwe.
- Przyznaj, co wiemy, a czego nie. Kim, mówiąc o świecie zepsutym przez grzech, potwierdziła prawdę, którą widzimy dookoła nas. Chrześcijanin ma tutaj przewagę, ponieważ wie, co sprawiło, że świat wygląda tak, a nie inaczej. Pomocna jest dla mnie również świadomość, że nie zawsze wiem, dlaczego Bóg coś robi albo

co robi, ale wierzę, że to On nadaje sens wszystkiemu w tym zepsutym świecie.

- Dobrze jest (choć to niekonieczne) poprosić o pozwolenie, zanim będziesz się dzielić ewangelią.
- Zadawaj dużo pytań. Bądź dobrym słuchaczem.
- W końcu, jeśli znasz konkretne problemy, z którymi boryka się druga osoba w swoim życiu, możesz zadać sobie trud i zdobyć pewną wiedzę na dany temat. Przeczytaj książkę lub skonsultuj się ze specjalistą w tej dziedzinie.

AMBASADOROWIE MUSZĄ BYĆ ODWAŻNI I ZROZUMIALI

Gdybym znalazł się w więzieniu z powodu ewangelizacji, jestem raczej pewny, że prosiłbym przyjaciół o modlitwy, aby Bóg mnie stamtąd wydostał! Paweł jednak, będąc w więzieniu, modlił się o odwagę i umiejętność głoszenia zrozumiałej ewangelii (Ef 6:19; Kol 4:3–4).

W moim mniemaniu odwaga jest najbardziej potrzebnym elementem ewangelizacji we wspólnocie chrześcijańskiej, przynajmniej w Ameryce Północnej. To właśnie odwagi możemy się uczyć od naszych braci i sióstr mieszkających w krajach, w których nie ma wolności religijnej.

Po raz pierwszy spotkałem się z Irańczykiem Farshidem, gdy przybył do naszego domu w Dubaju na spotkanie ze studentami. Siedzieliśmy obok siebie, a wykład przedstawił Nisin. W pomieszczeniu było około trzydziestu studentów. Zauważyłem, że Farshid czuje się niekomfortowo. Wreszcie skłonił się ku mnie i powiedział:

– Mack, to świetny mówca, ale kiedy wreszcie przejdzie do ewangelii?

Wreszcie zrozumiałem, dlaczego był taki niespokojny. Farshid chciał, aby ewangelia została w jasny sposób przedstawiona studentom.

– Nie martw się, bracie – odpowiedziałem. – Jeszcze się nie zdarzyło, żeby Nisin pominął Dobrą Nowinę, zaraz ją usłyszysz.

I usłyszał. Nisin opowiedział niesamowitą historię o Chrystusie, który zbawia grzeszników. Gdy to zrobił, Farshid przestał się wiercić, a jego oczy wypełniły się łzami. Odkryłem, że ludzie pochodzący z miejsc, w których wielu nienawidzi krzyża, wydają się kochać go jeszcze bardziej.

Następnego roku jadłem z Farshidem lunch w Kapsztadzie, w Republice Południowej Afryki, podczas konferencji w ramach Kongresu Lozańskiego. Powiedział, że w Iranie sytuacja staje się bardzo trudna i wyczuwa, że kwestią czasu jest jego aresztowanie – tylko za bycie odważnym i zrozumiałym świadkiem ewangelii. Opuścił bezpieczne miejsce wśród braci w Kapsztadzie i wyjechał do Teheranu. To naprawdę odważny brat.

Farshid został aresztowany w Boże Narodzenie. Zarzut brzmiał: „zdrada Islamskiej Republiki Iranu" albo, ujmując to inaczej, bycie wiernym świadkiem Chrystusa. Wyrok: sześć lat. Jego żona wraz z dwójką małych dzieci uciekła przez góry w Turcji do obozu dla uchodźców.

Farshid przebywa w cieszącym się niechlubną reputacją więzieniu Evin w Iranie. Gdy ma okazję przemycić z więzienia list, prosi przyjaciół, aby modlili się dla niego o odwagę i zrozumiałe głoszenie ewangelii, a także o to, by nie przestawał radować się w Chrystusie.

Większość z nas nie doświadcza takich prześladowań za swoją wierność. Farshid jednak kocha Jezusa i ewangelię. Tak jak apostoł Paweł: *wszystko uznaję za szkodę wobec doniosłości, jaką ma poznanie Jezusa Chrystusa* (Flp 3:8). Dlatego z odwagą i w jasny sposób mówi ludziom wokół siebie o zbawieniu, jakie znalazł w Chrystusie.

Niech historia Farshida stanowi dla ciebie zachętę. Bądź odważny i zrozumiały w głoszeniu ewangelii tam, gdzie jesteś. Biblia nawołuje nas, abyśmy pamiętali o tych, którzy byli mężni i wierni, oraz byśmy szli za ich przykładem.

AMBASADOROWIE PRZEKAZUJĄ PRZESŁANIE I UFAJĄ CHRYSTUSOWI W KWESTII ODPOWIEDZI

Przy taśmie do odbioru bagażu na lotnisku O'Hare zebrało się nas czterech. Przyjechaliśmy do Chicago na ważne spotkanie biznesowe. Spotkanie rozpoczęło się znacznie wcześniej, niż dotarliśmy do hotelu. Pogrążeni w głębokiej dyskusji wskoczyliśmy do taksówki prowadzonej przez Ibrahima.

Podczas naszej burzliwej rozmowy o różnych implikacjach strategii biznesowych Ibrahim zwrócił się do mnie:

– Wiesz, ten świat jest niesamowity!

Spojrzałem na niego, próbując równocześnie śledzić to, co słyszałem z tylnego siedzenia.

– To wszystko stworzył Allah – powiedział, wykonując szeroki gest obejmujący centrum Chicago, gest, który sprawił, że samochód gwałtownie zjechał na sąsiedni pas. Przytaknąłem milcząco, w skrytości ducha żałując, że nie siedzę z tyłu. – Ale najbardziej niezwykłe jest to, że Allah zapisuje wszystko, co robimy.

– Tak, zgadzam się – odparłem, z trudem wyrywając się z mojego menedżerskiego trybu. – Jestem chrześcijaninem i wierzę, że Bóg rzeczywiście zapisuje każdy czyn.

– Wiesz, jaka jest różnica pomiędzy tobą i mną? – kontynuował Ibrahim. Byłem przekonany, że to pytanie retoryczne. – Ty wierzysz, że Jezus był Bogiem, a ja wierzę, że był tylko prorokiem.

Ibrahimowi nie brakowało odwagi do bycia muzułmańskim ewangelistą.

– Tak, to również prawda, Ibrahim – powiedziałem. Potraktował to jako zachętę i rozpoczął teologiczny monolog, który trwał prawie aż do naszego przyjazdu do hotelu.

Gdy jednak dotarliśmy na miejsce, Ibrahim zamilkł, a ja wypełniałem formularz płatności kartą kredytową. Wreszcie miałem szansę, żeby coś powiedzieć:

– Wiesz co, Ibrahim? Zgadzam się co do tego, że zarówno chrześcijanie, jak i muzułmanie wierzą, że wszystkie grzechy są zapisane, ale muzułmanin wierzy, że grzechom można przeciwstawić dobre uczynki, podczas gdy chrześcijanin wierzy, że Jezus oferuje wybaczenie grzechów przez wiarę. To jest właśnie największa różnica.

Dlatego kocham Jezusa. On nie waży naszych grzechów i dobrych uczynków. Wybacza nasze grzechy, ponieważ za nie zapłacił.

Ibrahim spojrzał w sufit swojej taksówki.

– Hm – powiedział.

Następnie pomógł mi wyjąć bagaże. Gdy włączył silnik, aby odjechać, zastanawiałem się, czy moje słowa do niego dotarły. Może powinienem był dać mu większy napiwek? Nagle zobaczyłem, że zaświeciły się światła stop w jego aucie i zawraca taksówkę. „A może do niego dotarłem! – pomyślałem. – Założę się, że chce zapytać o Jezusa. A może o wybaczenie!" Przygotowałem się, aby poprowadzić go do Chrystusa.

Ale nie, po prostu zapomniałem wziąć kartę kredytową z samochodu. Ibrahim uśmiechnął się do mnie i wręczył mi ją przez okno. Cieszę się, że był dobrym, uczciwym muzułmaninem. Gdy jednak obserwowałem, jak odjeżdża po raz drugi, znów doświadczyłem tego znajomego uczucia zawodu podczas dzielenia się wiarą. Żałuję, że nie powiedziałem więcej o ewangelii. Albo może mogłem powiedzieć lepiej.

Gdy jednak myślałem dłużej, uświadomiłem sobie, że to, co mogłem powiedzieć – czy powinienem był powiedzieć – nie jest istotne. To, co *faktycznie* powiedziałem, było prawdą, dlatego ufam, że Bóg tego użyje. I nie tylko dla dobra Ibrahima, ale także mojego. Kocha mnie i podoba Mu się to, że próbowałem bronić wiary. On naprawdę nie wykorzystuje mojego grzechu – ani moich porażek czy też moich niezdarnych prób – przeciwko mnie. Jeżeli zatem powoła Ibrahima do wiary, to nie dlatego, że powiedziałem wszystko we właściwy sposób, ale wyłącznie ze względu na swoją łaskę.

Minęło trochę czasu, zanim mój umysł powrócił na tory właściwe dla spotkania biznesowego, ponieważ wypełniała mnie radość płynąca z rozważania Bożej dobroci i Jego przebaczenia. Bogactwo Chrystusa w moim życiu zdawało się bardziej prawdziwe, ponieważ dzieliłem się swoją wiarą. Nie wiem, czy rozmowa z Ibrahimem go zmieniła, ale na pewno przypomniała mi, o co w tym wszystkim chodzi – że życie w Jezusie jest lepsze niż spotkanie w sprawie strategii biznesowych oraz że w moim życiu obecna jest Boża łaska. Czy wiedziałem, że zostało mi wybaczone, zanim zacząłem rozmawiać z Ibrahimem? Oczywiście. Mówienie jednak o łasce komuś, kto wierzy w sprawiedliwość z uczynków, jeszcze mocniej uwypukliło tę prawdę w moim sercu. To nie jest coś, co znam tylko intelektualnie. Modlę się, aby pewnego dnia Ibrahim poznał tę samą nadzieję i radość.

Powinniśmy pamiętać, że zbawienie jest dziełem Ducha. Powinniśmy być myślący, odważni i zrozumiali, gdy mówimy o ewangelii, ale to Bóg odpowiada za wyniki. Ta wiedza daje nam wytchnienie.

AMBASADOROM NIE WOLNO SIĘ ZNIECHĘCAĆ

Apostoł Paweł mówi w 2 Liście do Koryntian 4:1: *Dlatego, mając tę służbę, która nam została poruczona z miłosierdzia, nie upadamy na duchu.* Musimy tę myśl przywoływać, gdy czujemy, że nasze próby ewangelizacji nie przynoszą żadnych efektów.

Podczas pewnej podróży na lotnisku w Cincinnati wpadłem na Craiga. Znałem go z kościoła. Mówił, że jest niechrześcijaninem, który sprawdza chrześcijaństwo, ale gdy patrzyłem na niego z dystansu, wydawało mi się, że jest bardziej zainteresowany wspólnotą kościoła niż samą wiarą. Spotkanie z nim zdawało się niezwykłym przypadkiem, więc zaprosiłem go na pogawędkę.

Craig wyglądał trochę jak skrzypek grający w filharmonii – jego długie srebrne włosy odstawały na boki w stylu Einsteina, patrzył w dal zmęczonym, melancholijnym spojrzeniem. Powiedział mi, że niedawno zmarła jego matka w wyniku przewlekłej choroby. To potwierdziło moje przeczucie, że nasze spotkanie nie jest przypadkowe. Bóg działał w życiu Craiga, a ja się przygotowałem, aby rozmawiać z nim o Jezusie. „Kto wie – pomyślałem. – Może to odpowiedni czas".

Zrobiłem to, co powinno się zrobić w takiej sytuacji. Wyraziłem swój żal z powodu śmierci jego matki i zapytałem, jak się czuje. Nie naciskałem na rozmowę, modliłem się, słuchając go. Wyczuwałem, że nasze spotkanie ma wszystkie symptomy Bożego działania. Gdy jednak zacząłem sondować stosunek Craiga do Jezusa, przyjął postawę obronną. Dał mi do zrozumienia, że ma się dobrze. To była miła i społecznie akceptowalna rozmowa, ale w oczywisty sposób bezowocna na poziomie duchowym.

Gdy patrzyłem, jak odchodzi, przyznałem się przed samym sobą, że jestem zmęczony. Byłem zmęczony rozmowami ze zmęczonymi ludźmi o skarbie, którego potrzebują, ale zdają się nie chcieć. Przede wszystkim jednak byłem naprawdę zmęczony poczuciem, że nie powinienem się tak czuć; poczuciem, które czasami *sprawia, że chcę przestać rozmawiać o wierze.*

Zanim to uczucie zawładnęło mną całkowicie, Bóg w swojej łasce naprowadził mnie na werset z Listu do Filemona, na który wcześniej nie zwróciłem uwagi: *Modlę się, aby twój udział w wierze [twoje dzielenie się wiarą] owocował głębokim poznaniem wszelkiego dobra, które jest w nas dzięki Chrystusowi* (Flm 6, SNP).

Apostoł Paweł ma tu na myśli coś więcej niż ewangelizacja, ale nie mniej. Modli się, abyśmy byli aktywni w dzieleniu się naszą wiarą. Zauważ jednak, że przyczyną, która za tym stoi, nie jest ani czyjaś reakcja, ani skuteczność. Paweł mówi coś, co rzadko słyszę: że dzielenie się wiarą służy także naszej korzyści, ponieważ możemy zyskać pełne zrozumienie dobrych rzeczy, które mamy w Chrystusie. Biblia wskazuje, że pośród wielu powodów, dla których należy dzielić się wiarą, jest to, co spotyka nas samych. Myślę, że to ważne nie tylko dla nas jako indywidualnych chrześcijan, ale również dla naszych wspólnot.

Moje zmęczenie ewangelizacją wynika między innymi z nieustannego skupienia na tym, co powinno się wydarzyć się w życiu innych. Gdy to stanowi mój cel, a ja odnoszę wrażenie, że nic się nie dzieję, zniechęcam się. Wiedza jednak o tym, że Bóg działa we mnie, gdy aktywnie dzielę się wiarą, daje mi nadzieję, nawet gdy moje wysiłki nie wywołują żadnej pozytywnej reakcji.

Jestem przekonany, że dzielenie się wiarą, bez względu na skutki, jest kluczem do duchowego zdrowia zarówno jednostek, jak i wspólnot. Tak, oczywiście, chcemy być skutecznymi świadkami. Tak, faktycznie wielu chrześcijan robi głupie rzeczy, które przeszkadzają przesłaniu ewangelii – dobrze, *ja* robiłem głupie rzeczy, które przeszkadzały ewangelii – i powinniśmy przedsięwziąć kroki, które to zmienią. Jeżeli jednak chcemy głębiej zrozumieć bogactwo Jezusa, musimy aktywnie dzielić się wiarą.

Po spotkaniu na lotnisku Craig dalej uczęszczał do naszego nowego kościoła. Całymi miesiącami słuchał świadectw wielbiących Boga i jasnych prezentacji ewangelii, ale nie przełożyło się to na jakąkolwiek reakcję z jego strony. Ale pewnego dnia, pierwszej niedzieli po moim powrocie z długiej podróży, Craig mnie zaszokował. Wstał i opowiedział, jak oddał swoje życie Chrystusowi. Moje serce podskoczyło z radości, gdy usłyszałem, co Bóg uczynił w jego życiu.

Minęło wiele miesięcy, zanim Craig uświadomił sobie, że świadectwa składane w kościele nie są przedstawieniami. Myślał, że to profesjonalna gra aktorska. Było dla niego nie do pomyślenia, żeby ludzie sami mogli dochodzić do tak intymnego i głębokiego zrozumienia ewangelii. Z biegiem czasu zrozumiał, że te osoby naprawdę mówią o *swoim* życiu.

– No i oto jestem – powiedział. – Stoję przed wami wszystkimi, opowiadając, co sprawiło, że się nawróciłem... Teraz rozumiem ewangelię.

Może to tylko moja wyobraźnia, ale zdawało mi się, że głos Craiga utracił ten zmęczony ton. Był teraz inny – pełen życia.

Gdy Craig dzielił się w ową niedzielę swoją wiarą, opowiadając, w jaki sposób zrozumiał, co Jezus dla niego uczynił – poczułem, że moje zmęczenie także ustępuje. Nie poprowadziłem Craiga do Jezusa, ale aktywnie dzieliłem się z nim wiarą; odegrałem w jego nawróceniu pewną rolę. Byłem częścią kościoła, w którym panuje kultura ewangelizacji. Tym razem Bóg pozwolił mi dostrzec skutki mojej malutkiej misji.

Najczęściej nie mamy szansy tego zobaczyć – musimy ufać Bogu. Ale to *dobrze*. Bóg działa poprzez nas, gdy dzielimy się wiarą, nawet jeśli nie widzimy tego po tej stronie nieba. Może działa poprzez krótkie spotkanie z kimś w restauracji, może poprzez rozmowę, podczas której mamy okazję w minutę opowiedzieć o ewangelii, może poprzez poważne teologiczne rozważania na temat wybaczenia. Kto wie, może przez coś, co właśnie dzisiaj zrobisz?

Dlatego nie trać nadziei, nawet pośród zniechęcenia. Wiedz, że Bóg działa przez ciebie i w tobie. Możesz na Nim polegać. Nie ulegnij pokusie, aby się poddać.

Gdy Craig podzielił się wiarą w naszym kościele, podeszło do niego wielu niechrześcijan, aby porozmawiać o Jezusie. Ich reakcja zszokowała Craiga. Myślał, że ludzie uznają go za wariata. Tym, z czym jednak najtrudniej mu było sobie poradzić, jak nam później powiedział, była świadomość tego pragnienia w ich sercach, które może zaspokoić tylko Jezus.

– Nie wiem, jak wy to możecie wytrzymać – powiedział. – Widzieć to pragnienie w ludzkich duszach.

Wiem, co ma na myśli. Czasami sam się zastanawiam, czy to wytrzymam. Widziałem tę potrzebę w Craigu i byłem kuszony, aby się poddać. Może ci zmęczeni ludzie wokół ciebie sprawiają, że zastanawiasz się, czy dasz radę. Może bezowocne próby dzielenia się wiarą z sąsiadem, którego widujesz codziennie, albo kierowcą taksówki, którego widziałeś raz w życiu, każą ci myśleć, czy warto. Może też jesteś w skrytości kuszony, aby się poddać.

Głowa do góry. Ewangelizacja jest większa niż to, co widzą twoje oczy. Pamiętaj o Bożej obietnicy: On daje ci pełniejsze zrozumienie dobrych rzeczy, które mamy w Chrystusie. Daje ci swoje oczy, abyś widział ludzi takimi, jakimi On ich widzi. Pomaga ci poznać bogate znaczenie przesłania, które niesiemy, oraz polegać na Jego działaniu w ludzkim życiu.

To wystarczające powody, aby się nie poddawać, ale jest jeszcze coś. Czasami Bóg pozwala nam oglądać, jak zmęczeni ludzie przemieniają się w ludzi pełnych światła. To wspaniałe, cudowne i niosące nadzieję.

DODATEK

CZYM JEST EWANGELIA

Nasz Stwórca, Bóg, jest święty, sprawiedliwy i kochający. Jesteśmy Jego ludźmi, stworzonymi na Jego podobieństwo. Chociaż żyliśmy kiedyś w relacji z Bogiem i byliśmy przez Niego kochani, zostaliśmy od Niego odłączeni. To oddzielenie Boga od ludzi zaczęło się buntem naszych przodków. Korzeń buntu stanowiła nasza decyzja, aby nie wierzyć Bogu i próbować uczynić samych siebie bogiem. To zdradliwe działanie zakończyło się niepowodzeniem, a karą za nie była wieczna śmierć. Co gorsza, grzech buntu przechodzi z pokolenia na pokolenie jako przekleństwo – wszyscy ludzie dziedziczą zarówno grzech, jak i karę. Nasza grzeszna natura sprawia, że nie możemy o własnych siłach wrócić do Boga.

Chociaż nie jesteśmy w stanie wykupić się od przekleństwa ani zapracować na to, by się z niego wydostać, Bóg w swojej miłości przygotował drogę, którą możemy wrócić do relacji miłości z Nim i doświadczyć Jego wybaczenia. Cała Biblia zapowiada i tłumaczy przyjście w tym celu Zbawiciela – Syna Bożego, Jezusa.

Jezus, który był w pełni Bogiem i w pełni człowiekiem, żył na ziemi jako cudotwórca i nauczyciel Bożych dróg. Żył doskonałym życiem i stał się doskonałą ofiarą, złożoną, aby wykupić nas od przekleństwa grzechu i śmierci. Jezus zapłacił karę za nasze grzechy poprzez swoją śmierć na krzyżu. Zmartwychwstał, pokonał śmierć i udowodnił tym samym, że wszystko, co mówił, to prawda. Poprzez swoją śmierć nabył prawo, aby zaoferować nam wybaczenie grzechów. Każdy zaś, kto zwróci się do Niego, stanie się dzieckiem Bożym.

Nikt, kto usłyszy przesłanie Dobrej Nowiny i zwróci się do Jezusa, nie zostanie odrzucony. Jezus wzywa nas, abyśmy porzucili niewiarę i towarzyszący jej grzech, który nas usidla, oraz położyli całkowitą ufność i wiarę wyłącznie w Nim. Aby stać się naśladowcami Jezusa, oddajemy Mu swoje życie w wierze i zobowiązujemy się podążać za Nim jako Panem przez resztę swojego życia.

DEFINICJE

- *Ewangelizacja* – nauczanie lub głoszenie ewangelii z celem albo zamiarem przekonania lub nawrócenia.

- *Ewangelia* – radosna nowina od Boga, która prowadzi nas do zbawienia.

- *Nowina od Boga* – wyjaśnienie tego, kim jest Bóg, ciężkiego położenia człowieka, w którym się znalazł w wyniku grzechu i zagubienia, dzieła Chrystusa dla naszego zbawienia, a także reakcji człowieka koniecznej dla odzyskania relacji z Bogiem; ujęte w czteroczęściowym schemacie ewangelii: Bóg, człowiek, Chrystus, reakcja.

- *Grzech* – stan buntu przeciwko Bogu, charakteryzujący się skupieniem na sobie, niewiarą.
- *Grzechy* – przejawy buntu i niewiary.
- *Pokuta* – odwrócenie się od życia w niewierze.
- *Nawrócenie* – przejście od śmierci do życia, od winy do wybaczenia.
- *Wiara* – całkowite zaufanie Bogu oraz poleganie na Nim i Jego zbawczej łasce przez Chrystusa.

FRAGMENTY BIBLIJNE DOTYCZĄCE SCHEMATU EWANGELII

Istnieje wiele wersetów, o których powinieneś wiedzieć. Poniższe dotyczą podstawowych faktów związanych z Bogiem, człowiekiem, Chrystusem i reakcją, jak również z ceną naśladowania Jezusa.

Bóg

- Księga Izajasza 6:1–3. Bóg jest święty.
- List do Kolosan 1:16–17; Psalm 8:1–4. Bóg jest Stwórcą.
- Ewangelia Jana 3:16. Bóg jest miłością.
- List do Rzymian 1:18. Boży gniew objawia się przeciwko grzechowi.

Człowiek

- I Księga Mojżeszowa 1:26–27. Zostaliśmy stworzeni na podobieństwo Boże.
- List do Rzymian 3:9–12. Wszyscy jesteśmy grzesznikami.
- List do Efezjan 2:1–3. W naszych grzechach jesteśmy martwi.
- Księga Izajasza 53:6. Wszyscy zbuntowaliśmy się przeciwko Bogu.
- Księga Izajasza 59:2. Jesteśmy oddzieleni od Boga.
- List do Rzymian 6:23. Karą za nasz bunt jest śmierć.

Chrystus

- Ewangelia Jana 3:16. Jezus jest drogą do Boga.
- List do Rzymian 5:6–8. Jezus umarł za nas.
- List do Rzymian 6:23. Boży dar życia wiecznego otrzymaliśmy dzięki Jezusowi.
- List do Efezjan 2:4–9. W Chrystusie Bóg obdarza nas łaską.
- List do Kolosan 1:19–23. Bóg pojednał nas ze sobą w Chrystusie.
- 1 List Piotra 2:22. Chrystus wiódł życie bez grzechu.
- 1 List do Koryntian 15:3–4. Chrystus zmartwychwstał.
- Ewangelia Jana 10:10. Chrystus przyszedł, by dać życie.

Reakcja

- List do Rzymian 10:9–11. Musimy wyznać ustami i uwierzyć w swoich sercach.
- Ewangelia Mateusza 4:17; Dzieje Apostolskie 2:38. Musimy pokutować.
- Ewangelia Jana 8:12. Musimy podążać za Jezusem.
- Ewangelia Jana 5:24–25. Musimy słuchać słów Jezusa.
- Ewangelia Jana 1:12. Musimy uwierzyć w imię Jezusa.

Cena

- 1 List Piotra 1:18–19. Chrystus wykupił nas swoją krwią.
- List do Efezjan 2:8–9. Bóg zbawił nas przez swoją łaskę.
- Ewangelia Łukasza 9:23–24. Musimy zaprzeć się samych siebie i wziąć swój krzyż.

PRZYPISY

Rozdział 1

1. J.I. Packer, *Evangelism and the Sovereignty of God* (Downers Grove, IL: InterVarsity Press, 1979), 48.
2. Tim Keller, *Paul's Letter to the Galatians: Living in Line with the Truth of the Gospel* (New York: Redeemer Presbyterian Church, 2003), 2.
3. W Nowym Testamencie częściej występuje słowo „ewangelia", w Starym zaś – określenie „Dobra Nowina".

Rozdział 2

1. Barna Group, „Evangelism Is Most Effective Among Kids", 11 października 2004. https://www.barna.com/research/evangelism-is-most-effective-among-kids/.

Rozdział 3

1. Grupa The Acts 29 Network zajmuje się zakładaniem kościołów. Nazwa nawiązuje do faktu, że księga Dziejów Apostolskich w Nowym Testamencie składa się z 28 rozdziałów. Stąd „Acts 29" (Dzieje Apostolskie, rozdział 29) może się odwoływać do „kolejnego rozdziału" w historii Kościoła. http://en.wikipedia.org/wiki/Acts_29.
2. Więcej na temat członkostwa w kościele: Jonathan Leeman, *Członkostwo w kościele. Skąd ludzie mają wiedzieć, kto reprezentuje Jezusa?* (Toruń: Fundacja Ewangeliczna, 2018).

3. Niniejsza książka należy do serii publikacji na temat biblijnych doktryn i praktyk, które pomagają kościołom zachować zdrowie i rozkwitać, a nie zaledwie przetrwać. Wyznaczyliśmy dziewięć cech, na których szczególnie się skupiliśmy, choć można tu dodać wiele innych. Pierwsza cecha zdrowego kościoła, którą omówiliśmy, to nauczanie ekspozycyjne – podstawowe zadanie pastora – czyli nauczanie, w którym główna myśl tekstu biblijnego jest równocześnie główną myślą kazania. Kazania oparte na poszczególnych księgach Biblii powinny uwzględniać i zawierać spójne rozumienie całej narracji i przesłania Pisma Świętego. Dlatego drugą cechę stanowi teologia biblijna. Najważniejsze przesłanie Pisma Świętego, ewangelia, jest tym, co ożywia nasze kościoły, dlatego musimy rozumieć ją biblijnie – to trzecia cecha. Z ewangelii wypływa biblijne zrozumienie nawrócenia i ewangelizacji (cechy czwarta i piąta). Gdy ludzie się nawracają, powinni się przyłączać do kościołów – stąd członkostwo w kościele, cecha szósta. Drugą stroną członkostwa jest dyscyplina – co kościół robi, gdy członkowie nie pokutują z grzechów. Mamy zatem już siedem cech. Cechą ósmą jest biblijne zrozumienie wzrostu, a dziewiątą – biblijne zrozumienie przywództwa.

Rozdział 4

1. Donald S. Whitney, *Spiritual Disciplines for the Christian Life* (Colorado Springs: NavPress, 1991), 106. Tłumaczenie własne.

2. *Ibidem*, 108. Tłumaczenie własne.

Napisz do mnie: mackstiles@gmail.com

 **9Marks**
Building Healthy Churches

Czy Twój kościół jest zdrowy?

Misją wydawnictwa 9Marks jest przekazywanie przywódcom zborów biblijnej wizji i praktycznych narzędzi, aby poprzez zdrowe kościoły Boża chwała była rozgłaszana na całym świecie.

Pragniemy pomóc kościołom w pielęgnowaniu dziewięciu cech świadczących o ich zdrowiu, którym jednak często nie poświęca się wystarczająco dużo uwagi. Są to:

- Głoszenie ekspozycyjne
- Teologia biblijna
- Biblijne pojmowanie ewangelii
- Biblijne pojmowanie nawrócenia
- Biblijne pojmowanie ewangelizacji
- Biblijne pojmowanie członkostwa w kościele
- Biblijna dyscyplina w kościele
- Troska o uczniostwo
- Biblijne przywództwo w kościele

Wydawnictwo 9Marks oferuje artykuły, książki, recenzje książek, a także czasopismo publikowane online. Organizujemy też konferencje, nagrywamy wywiady i proponujemy różne inne pomocne narzędzia, aby odpowiednio wesprzeć kościoły w misji ukazywania światu Bożej chwały.

Na naszej stronie internetowej znajdziesz materiały również w języku hiszpańskim, chińskim i portugalskim. Wejdź i zamów nasze bezpłatne czasopismo online.

www.9Marks.org

www.ingramcontent.com/pod-product-compliance
Lightning Source LLC
Chambersburg PA
CBHW052058110526
44591CB00013B/2264